Vanille
Gewürz der Göttin

Annemarie Wildeisen

Vanille
Gewürz der Göttin

Geschichte, Geschichten
und über 70 pikante und süsse Rezepte

AT Verlag

2. Auflage, 2003

AT Verlag, Aarau und München
Reportagetext: Toni Kaiser, Bern
Reportagefotos: Toni Kaiser, Bern, Claude Stadelmann, Genf
Alle Reportagefotos stammen aus Madagaskar.
Rezeptfotos: Andreas Fahrni, Bern
Lithos: AZ Grafische Betriebe AG, Aarau
Druck und Bindearbeiten: Appl, Wemding
Printed in Germany

ISBN 3-85502-751-X

www.at-verlag.ch

Inhalt

Blühende Vanillepflanze.

Junge Vanillepflanze in einer Plantage bei Andranotsara.

Der unwiderstehliche Duft der Tropen

Von Toni Kaiser

Die Vanille: Sie ist die «Königin der Gewürze», die «Schwarze Blume», das «Grüne oder Schwarze Gold», die «Verwandelte Frau mit dem berauschenden Duft». Wo blieben die verträumten Romantiker ohne ihre betörend nach Vanille duftenden Kerzen? Wo die initiativen Bäcker, Konditoren und Confiseure ohne das süsse Aroma, das sie Kuchen, Eis und vor allem Schokolade verleiht? Wo die verführerischen Frauen ohne ihre wohlriechenden Parfums? Wo die Medizin ohne ihre heilenden Wirkstoffe? Wo die stillen Geniesser ohne den Tropfen Vanilleessenz im allzu herben Brandy? Und wo die verschleckten Männer ohne ihr Karamellköpfchen?

Früh schon mischte man die Vanille dem Tabak bei, um dessen Schärfe zu mildern, aromatisierte damit den Kaffee und natürlich den Kakao, mit dem sie von jeher ein unzertrennliches Paar bildet. Tabak, Kaffee und Kakao waren drei einflussreiche «Drogen», die das Schicksal des genussfreudigen Europa auf seinem Weg bis heute mitbestimmt haben. Alle drei sind eng mit dem berauschenden Duft und dem süssen Geschmack der Vanille verbunden. Wer den Körpergeruch einer geliebten Frau beschreiben will, den schwülen Wind über den Lavendelfeldern der Provence, den Duft einer farbenprächtigen Orchidee, greift zum Bild der Vanille mit ihrem süssen, betörenden, verführerischen Geruch. Der typische Vanilleduft ist reich und schwer, würzig und balsamisch mit einer süsslichen Note und verrät bei genauem Hinschmecken auch leicht holzige und tabakähnliche Geschmackskomponenten. Dieser herrlich sinnliche Duft stammt von einer tropischen Orchidee, die über viele Jahre intensive Pflege und fürsorgliche Behandlung braucht, bis sie unsere Gaumen erfreuen, unsere Sinne betören kann.

Briefmarken mit Blüten der *Vanilla planifolia.*

Das Würzen mit einer möglichst grossen Vielfalt an heimischen und exotischen Kräutern gehört zur gepflegten Küche. Doch wie manche andere Kräuter und Gewürze, wie der Zimt und der Safran, die Nelken und der Pfeffer, der Koriander und das Opium, wurde auch die Vanille ursprünglich nicht einfach nur dem Essen beigemischt. Viele dieser höchst potenten Aromageber dienten ursprünglich Priestern und Königen in ihren Tempeln und Palästen, Göttern und Sterbenden dazu, sich dem Himmel auf Erden bereits etwas anzunähern. So auch die Vanille. Sie galt in ihrer Heimat im tropischen Zentralamerika schon immer als anregendes Aphrodisiakum. Wie der Kakao war sie den mexikanischen Ureinwohnern heilig. Christian Rätsch schreibt 1997 in seiner «Medizin aus dem Regenwald», dass sie in diesem Gewürz eine verwandelte, schöne, wunderbar duftende Frau sehen. Sie heisst «caxixanatl», die geheimnisvolle oder tiefgründige Blume, und wird auch «buk luch», Duftschale, oder «tlilxotchitl», Schwarze Blume, genannt. Ihr Aroma gilt als aphrodisisches Parfum, das imstande ist, die Männer zu verführen. Der Duftstoff der Vanille, das Vanillin, ist chemisch mit den Pheromonen, den Sexuallockstoffen des Menschen, verwandt, daher rührt auch die erotisch stimulierende Kraft der Vanille. Die Indianerinnen reiben sich mit der reifen, fermentierten Vanilleschote über Haar, Haut und Kleidung, um so ihre erotische Anziehungskraft zu erhöhen und sich die Männer zu Willen zu machen. Ob auch die

«Forderung», dass eine Frau nach Vanille duften soll, daher kommt? Das «Handbuch des deutschen Aberglaubens» von 1927 (Bd. 1) widerspricht dem jedenfalls nicht, ja es empfiehlt den Vanillekonsum selbst jungen Männern, damit diese ihren Weibern Genüge leisten können. Und glaubt man der Hexenliteratur, ist die Vanille imstande, die Kraft eines Gladiators zu verleihen, Müdigkeit und Furcht zu vertreiben und das Herz zu stärken.

Die moderne Homöopathie setzt die Vanille als Aphrodisiakum und Hirntonikum ein; und wer abnehmen möchte, sollte nach einer englischen Studie am St George Hospital in London zum Vanilleschnüffler werden – der Vanilleduft, den die Probanden in Form eines Pflasters während eines Monats auf der Handinnenfläche tragen mussten, soll nämlich die Lust auf Süsses hemmen. Die Wissenschaftler vermuten, dass der Vanillegeruch im Gehirn die Ausschüttung von Serotonin beeinflusst, und eben dieser Serotoninspiegel wirkt sich auf den Appetit aus (sda, 11.9.2000). Der Vanilleduft soll im Weiteren auch die körperliche und geistige Leistungskraft stärken, die Nerven beruhigen, motivierend wirken und Abgeschlagenheit bekämpfen – bei depressiven Verstimmungen «wirkt die Vanille wie ein Schmunzeln für die Seele». Die moderne Medizin schreibt den Früchten der Kletterorchidee Linderung bei Hysterie und bei Menstruationsbeschwerden zu, ihre antiseptischen Eigenschaften werden in Medikamenten gegen chronische Bronchitis und hartnäckige Katarrhe genutzt, und nach dem «Grossen Heilpflanzenatlas» von Bianchini, Carbetta und Pistola (1978) verschreibt man sie wegen ihrer appetitanregenden Wirkung auch bei Essunlust und mangelndem Tonus im Magen-Darm-System. Bei so vielen positiven Wirkungen überrascht es kaum, dass nicht nur der Mensch den Vanillegeschmack anziehend findet, sondern auch die Männchen der Wanzenart *Eurygaster intergriceps* ihre Holden mit einem der tropischen Pflanze ähnlichen Duft locken.

Fertig getrocknete Vanilleschoten. Sie sollen eine weiche, leicht ölige Oberfläche aufweisen (oben).
Göttlicher Duft! Zenasy Andrianasolo, Vanilleproduzent in Bemanevika (unten).

Vanilleschoten kurz vor der Ernte.

STOP

Eine Orchidee namens *Vanilla planifolia*

Den Bewohnern der Küstenwälder des tropischen Amerika dienten die Vanillefrüchte schon während vielen Jahrhunderten als unentbehrliches Genuss- und Zahlungsmittel, als Kraftspender und lebenswichtige Medizin. Im «Gepäck» der Spanier gelangten die wohlriechenden Schoten im 16. Jahrhundert erstmals aus Mexiko nach Europa, die Franzosen brachten sie später in ihre tropischen Kolonien im Indischen Ozean, auf die Insel Bourbon (heute Réunion), nach Madagaskar, auf die Komoren und Seychellen, die Holländer ins indonesische Java.

Nirgendwo sonst auf der Welt wird heute so viel Vanille kultiviert wie im nordöstlichen Küstengebiet von Madagaskar, im «Vanilledreieck» um Sambava und Antalaha – mehr als die Hälfte aller weltweit verkauften Vanilleschoten stammen aus dem madegassischen «triangle de l'or vert». Ihre Bourbon-Vanille, die Frucht der Kletterorchidee *Vanilla planifolia*, gilt als eine der besten überhaupt; zur Hälfte landet sie in US-amerikanischen Softdrinks und Eisspezialitäten, zur anderen Hälfte gelangt sie nach Deutschland (etwa 15 Prozent), Frankreich (etwa 15 Prozent), Italien, Japan und in andere Staaten (zusammen etwa 20 Prozent), aus deren Importhäfen die begehrten Schoten dann weiter verschickt werden – zum Beispiel in die Schweiz, die im Jahr 2000 rund 54 Tonnen Vanilleschoten für rund 4,2 Millionen Franken importierte.

Die Geschichte der *Vanilla planifolia* liest sich wie ein Roman aus vergangener Zeit. Bis die begehrten Schoten allerdings den Weg in unsere Zeit gefunden hatten und sich ihr verführerischer Duft in Europas Küchen ausbreiten durfte, gingen einige Jahre ins Land. Denn die rankende Vanillepflanze, die einen Baum oder künstliche Kletterhilfen als Stütze benötigt, verriet ihre Geheimnisse nicht ohne Widerstand. Die reifen Früchte geben ihre pastenartige Substanz mit den unzähligen feinen schwarzen Samenkörnern und damit ihr verführerisches Aroma nämlich erst dann preis, wenn sie entweder gut gereift am Stock platzen oder von Menschenhand in arbeitsintensiven Verfahren veredelt wurden. Die winzigen Pünktchen sind es denn auch, die den visuellen und geschmacklichen Unterschied zwischen den echten Vanilleprodukten und den auf synthetischer Basis hergestellten ausmachen. Dazu müssen die goldgelben Fruchtkapseln aber im richtigen Moment, das heisst kurz vor dem Platzen, gepflückt werden. Das bedeutet, dass jede einzelne Pflanze tagelang abgesucht werden muss, bis alle Früchte abgeerntet sind – eine mühselige Prozedur, der zahlreiche weitere folgen, bis aus den duftlosen grüngelben Früchten die dünnen, schokoladebraunen, geschrumpelten Vanillestangen mit dem betörenden Aroma entstanden sind, die wir bei uns meist im Dreierpack im Glasröhrchen kaufen können.

Arbeiterinnen und Arbeiter in der 19 Hektaren grossen modernen Plantage von M. Jaomiary in Ambohimanitra bei Antalaha. Die Vanillepflanzen sind ein halbes Jahr alt (oben).

Strassenkontrolle in Ambodivoara, um den Diebstahl von wertvollem Erntegut zu verhindern (unten).

Die Schwarze Blume

Francisco Hernandez, der Arzt Kaiser Philipps II., verfasste im 16. Jahrhundert ein Buch über die Pflanzen Neu-Spaniens. Darin beschrieb er unter verschiedenen Orchideen eine Art, die zum Würzen von Getränken benützt wurde. Man nannte sie «tlilxochitl», die Schwarze Blume. Der Name bezieht sich allerdings nicht auf die Farbe ihrer Blüte, wie man annehmen könnte, sondern auf diejenige der Früchte, die im Zustand der Reife fast schwarz erscheinen. Hernandez erwähnt, dass sie in Kakaogetränke gegeben, aber auch zur Bekämpfung verschiedener Krankheiten sowie besonders zur Stärkung des Gehirns und als Gegengift bei Tierbissen verwendet wurden.

Biologische Pflanzung in Antsahalalina bei Sambava.

Bei der erwähnten Pflanze handelte es sich um die *Vanilla planifolia*. Der Name «*Vanilla*» ist eine Ableitung vom spanischen «vainilla» (Schötchen), die Diminutivform von «vaina» (Scheide, Kapsel). Die Bezeichnung könnte also durchaus auch aus der Ähnlichkeit der Vanilleschote mit einer Schwertscheide entstanden sein. Von daher rührt übrigens auch die irrtümliche Bezeichnung «Schote» – bei den länglichen Früchten der Vanillepflanze handelt es sich nämlich im streng botanischen Sinne nicht um Schoten, sondern um Kapseln. Der zweite Teil des Artnamens, *planifolia*, bezieht sich auf die auffällig flache Form der Blätter (lat. *planus* = flach, und *folium* = Blatt).

Belegt ist, dass die Früchte der Vanille den eingeborenen Völkern im alten Mexiko schon Jahrhunderte vor Ankunft der Spanier bekannt gewesen sind. Ihre erstmalige Erwähnung findet sich in einer Chronik des Aztekenherrschers Itzcoatl (1427–1440); darin wird vermerkt, dass diesem, nachdem er sich des Totonakenreichs in der Region des Rio Antigua bemächtigt hatte, ein Teil des Tributs in Vanille bezahlt werden musste. Die Azteken verwendeten «tlilxotchitl» für ihr berühmtes, bitter-scharfes Schokoladegetränk «cacahuatl» (Kakaowasser, in der Mayasprache «chocol haa» = heisses Wasser) aus Kakaobohnen, Honig, Wasser und je nach Quelle Zusatz von Annattosamen, Maismehl, Chili- oder Paprikaschoten. Die Kakaobohne hatte bei den Azteken einen sehr hohen Stellenwert: Wie die Vanille diente sie dem hohen Adel und anderen privilegierten Gruppen nicht nur als Genussmittel, sondern wurde auch für den Zahlungsverkehr verwendet.

Anregendes Aztekengetränk

Als Hernán Cortez (1485–1547) auf seiner Suche nach neuen Schätzen zu Beginn des 16. Jahrhunderts nach Mexiko vordrang und am 14. November 1519 in der damals schon fast 200-jährigen aztekischen Hauptstadt Tenochtitlán (das spätere Mexico City, gegründet um 1325) eine Audienz beim damaligen Herrscher Montezuma erzwang, kam er als erster «Europäer» in den Genuss der zu dickflüssigem Schaum geschlagenen, vanillegewürzten Schokolade, die aus grossen Tonkrügen getrunken wurde. Kaum drei Jahre später war Tenochtitlán eine qualmende Ruinenstadt und das Aztekenreich vernichtet. Der berühmte Aztekenfürst soll so gierig nach dem Schokoladegetränk gewesen sein, dass er täglich 50 Tassen davon genossen habe. Was die Spanier allerdings noch mehr beeindruckte als diese Gier nach dem bitteren Trunk, war dessen Wirkung: Der dickflüssige Cocktail war nämlich höchst nahrhaft und zudem äusserst anregend. Cortez selbst berichtete, dass ein einziger Becher einen Soldaten während eines ganzen Tagesmarsches frisch erhalte.

Es gingen dann aber doch noch ein paar Jahrzehnte ins Land, bis auf der iberischen Halbinsel aus dem potenten Gebräu ein schmackhaftes, wenn auch äusserst exklusives Getränk geworden war. Erlesene Zutaten wie Zimt, Nelken, Anis, Mandeln und weitere Ingredienzien wie vor allem Zucker sorgten dafür, dass die Trinkschokolade und in ihrem Schlepptau die Vanille in Europa ihren kulinarischen Siegeszug antreten konnte.

Das Kreuz mit der Bestäubung

Ganze dreihundert Jahre lang hielten die Spanier das mexikanische Vanillemonopol aufrecht, womit Mexiko der weltweit wichtigste Vanilleproduzent blieb. Fast die gesamte mexikanische Vanille wurde während dieser Zeit nach Europa verschifft. Erst 1807 gelangten Stecklinge, mit denen die Pflanze üblicherweise vermehrt wird, in die botanischen Gärten von Antwerpen und Paris. 1819 brachten die Holländer Ableger dieser Pflanzen nach Java und drei Jahre später die Franzosen ebensolche auf die Insel Réunion (damals noch Ile Bourbon). Der Anbau von kulinarisch nutzbarer Vanille breitete sich von dort zwar weiter über den tropischen Gürtel aus, doch reichte dies noch nicht, um das mexikanische Monopol zu durchbrechen. Denn die Anbauversuche erbrachten vorerst keinen Fruchtertrag, da ausserhalb Mexikos die Bienen aus der Familie der Meliponen sowie Kolibris weitgehend fehlten, so dass es so nicht zur natürlichen Bestäubung kommen konnte. Erst um 1836 gelang dem belgischen Botaniker Charles Morren die künstliche Bestäubung der Vanilleblüten. Via Paris gelangte das Wissen auch auf La Réunion, wo just zur selben Zeit, 1841, der 12-jährige kreolische Sklavenjunge Edmond Albius erstmals von Hand mit Hilfe eines feinen Bambussplitters Pollen durch das natürliche Trennhäutchen auf den Stempel in der Blüte brachte

und somit ebenfalls die Methode zur künstlichen Befruchtung der Vanilleorchidee entdeckte. Der findige Junge bescherte seinen Herren damit Wohlstand und der Welt die Bourbon-Vanille. Er selbst starb in grösster Armut, doch erinnert heute auf La Réunion noch eine Säule mit einer Inschrift an den jungen Schwarzen.

Um 1850 gingen bereits um die 50 Kilogramm veredelte Vanilleschoten von Réunion ins Mutterland Frankreich. Das Produktionszentrum der Bourbon-Vanille verlagerte sich jedoch zu Beginn des 20. Jahrhunderts nach Madagaskar, wo im Nordosten, in der Region SAVA, im «triangle de l'or vert» zwischen **S**ambava, **A**ntalaha, **V**ohémar und **A**ndapa, heute rund 60 000 einheimische Bauern pro Jahr etwa 1000 Tonnen natürliche Bourbon-Vanille produzieren. Damit ist die «Vanilleinsel» im Indischen Ozean neben Indonesien, das um die 600 Tonnen Vanille produziert, sowie den Komoren, Réunion, Mauritius, den Seychellen, Mexiko, Uganda und weiteren tropischen Staaten, die alle kleinere Mengen hervorbringen, der mit Abstand grösste Vanilleproduzent. Weltweit wurden im Jahr 2000 gesamthaft 2248 Tonnen an natürlicher Vanille importiert (1998: 2906 Tonnen, 1999: 2415 Tonnen).

Subtile Handarbeit

Die Vanillepflanze ist eine Kletterorchidee, die ihre Wurzeln in die Erde schlägt und sich an einer Wirtspflanze an 10 bis 12 Meter langen und 2 bis 3 Zentimeter dicken Lianen hochschlingt. In Kulturen wird sie auf eine Höhe von etwa zwei Metern zurückgeschnitten, damit sie nicht wuchert und die Früchte später bequem von Hand geerntet werden können. In den Anbaugebieten Madagaskars dienen als Ziehbäume, so genannte «tuteurs», die *Pigne d'Inde* und die *Gliricidia*. Den Bauern wird die Bestockung des gerodeten Bodens zwischen den Pflanzreihen empfohlen, beispielsweise mit *Flemingia*, die für Nährstoffe, Schatten und Bodenhalt in abschüssigem Gelände sorgen soll. Zur Instruktion wurden vielerorts extra Demonstrationsfelder angelegt und für den Anbau der Vanillepflanze sowie die Verarbeitung der Früchte auch illustrative Lehrbroschüren in mehreren Sprachen geschaffen.

Hat sich die Vanille einmal hochgerankt, sterben die Bodenwurzeln ab, denn die Pflanze ist in der Lage, sich ausschliesslich von der nährstoffreichen Tropenluft zu ernähren. Es dauert drei Jahre, bis eine junge Pflanze erstmals unscheinbare, gelblichgrüne bis weisse Blüten – und damit später auch Früchte – treibt. Da die natürlichen Bestäubungsquellen ausserhalb Mexikos fehlen – oder deren Verlässlichkeit nicht gewährleistet ist –, müssen die in Trauben wachsenden Blüten in aufwendiger Kleinarbeit einzeln von Hand bestäubt werden: Die äusseren Blütenorgane werden mit einem feinen Dorn durchbohrt und der Blütenstaub so auf die Narbe gebracht. Das muss schnell geschehen, denn die Blüten zeigen sich nur während wenigen Stunden

Blüte für Blüte muss in aufwendiger Feinarbeit von Hand bestäubt werden (oben).

Kurz bevor die Vanillekapseln aufplatzen und ihren wertvollen Inhalt von gegen 90 000 Samen freigeben, werden sie gepflückt, um in einem langen Verarbeitungsprozess zum «Gewürz der Göttin» zu werden (unten).

am frühen Morgen. Nach der Bestäubung entwickelt sich der Fruchtknoten in den folgenden 7 bis 9 Monaten zu maximal 30 cm langen Kapseln (die Bezeichnung «Schoten» ist zwar botanisch falsch, aber umgangssprachlich dennoch gebräuchlich). Zu klein geratene oder missgebildete Früchte werden herausgeschnitten, damit die Qualität der guten nicht leidet – wie auch beim Weinbau lohnt sich die Reduktion der Quantität zugunsten einer höheren Qualität.

Normalerweise trägt eine Vanillepflanze 100 bis 120 Kapselfrüchte. Der richtige Zeitpunkt zur Ernte ist dann gekommen, wenn sich diese mit ihrem wertvollen Inhalt von gegen 90 000 Samen gelb zu verfärben beginnen. Diesen Punkt exakt zu treffen ist deshalb von besonderer Wichtigkeit, weil eine zu frühe Ernte einen geringeren Vanillingehalt und eine höhere Schimmelanfälligkeit zur Folge hat, eine zu späte die Gefahr des Platzens der Kapseln und damit den Verlust von gewinnbringendem Samengut nach sich zieht. Um Diebstahl zu verhindern oder wenigstens zu erschweren, wird in den madegassischen Vanillepflanzungen jede Schote noch am Strauch bis spätestens zwei Wochen vor dem wahrscheinlichen Erntezeitpunkt mit einem individuellen Nadelstempel markiert. Strassenkontrollen am Ein- und Ausgang vanilleproduzierender Dörfer gehören ebenfalls zu den Vorsichtsmassnahmen.

Die Temperatur im Wasserbad muss genau stimmen! Bei 60 bis 70 Grad Celsius wird der Reifungsprozess der Schoten unterbunden, weil sonst die Gefahr des Schimmelns besteht.

Ins Schwitzkästchen genommen

Im Unterschied zu den meisten anderen Gewürzen ist die Verarbeitung der Vanille nach dem Pflücken äusserst kompliziert. Die grünen Früchte selbst weisen nämlich so gut wie keinen Geschmack auf und müssen in arbeitsintensiven Verfahren mehrfach bearbeitet werden, damit sie sich zu dem aussergewöhnlichen Produkt entwickeln können,

Vanillepflanzen auf dem Weg in eine neue Heimat (oben). Aussortieren geernteter Schoten in Bemanevika (unten).

Die grünen Schoten werden im Heisswasserbad während höchstens 3 Minuten «blanchiert».

Sofort nach dem Überbrühen werden die Schoten in Jutesäcke gewickelt und in einer Holzkiste zum Schwitzen gebracht.

Auch wenn noch keine Vanilleschoten zum Trocknen auf den Jutesäcken liegen, kündet dennoch schon ein wunderbar süsslicher Duft von der bevorstehenden Ernte (rechts oben).

In einem Vorort von Sambava bereitgestellte Tische, auf denen die Vanilleschoten später getrocknet werden (rechts unten).

das der Feinschmecker so liebt. Das Vanillin – und mit ihm der einzigartige Duft und der harmonisch-süssliche Geschmack – ist nämlich an Glykoside gebunden und muss erst durch eine enzymatische Reaktion freigesetzt werden.
Nach 7 bis 9 Monaten sind die Früchte an der Pflanze so weit gediehen, dass sie geerntet werden können. Spätestens 4 bis 5 Tage nach der Ernte sollten sie weiterverarbeitet sein, damit der Reifungsprozess im Zellgewebe der Kapsel unterbunden wird, und weil sonst die Gefahr des Schimmelns besteht. Innerhalb dieser Zeit muss sich auch die durch das Pflücken entstandene «Wunde» wieder geschlossen haben.

Das eigentliche Aroma wird durch eine Fermentierung freigesetzt, die je nach Produktionsland und Verarbeitungsmethode unterschiedlich erfolgt. Beim mexikanischen Trockenverfahren werden die Früchte von Anfang an in Decken gewickelt und in der heissen Sonne zum Schwitzen gebracht. Auf Madagaskar taucht man die Früchte je nach Reifegrad zuerst für höchstens 3 Minuten in 60 bis 70 Grad heisses Wasser, wickelt sie dann ohne Abkühlung, also noch heiss in Decken und unterzieht sie in einer Holzkiste während 1 bis maximal 3 Tagen einer Schwitzkur. Bei der zeitlichen Bemessung dieser Fermentation spielen Wetter und Luftfeuchtigkeit eine entscheidende Rolle. Die Schoten sollten danach eine schokoladebraune Farbe angenommen haben. Anschliessend werden sie tagsüber auf Jutesäcken ausgelegt und während 2 bis 3 Stunden täglich auf Holztischen in der Sonne getrocknet, dann für den Rest des Tages in die Säcke eingerollt und wiederum zum Schwitzen in den Schatten gebracht. Wer einmal diesen sich von Jahr zu Jahr verstärkenden Vanilleduft der Säcke eingesogen hat, wird ihn nie mehr vergessen!

Bei gleichem Vanillegehalt bestimmt die Länge der Schoten den Handelswert der Ware.

Lediglich während zwei bis drei Stunden täglich trocknen die Vanilleschoten unter der heissen Tropensonne (links oben). Dann werden sie in Jutesäcke eingerollt und zum «Schwitzen» in den Schatten gebracht (links unten).

Nach 2 bis 3 Wochen ist der Trocknungsprozess abgeschlossen. Die Früchte haben nun eine dunkelbraune bis fast schwarze Farbe angenommen, weisen eine fettig-schrumpelige Oberfläche auf und sind von weicher Konsistenz. Und vor allem betören sie die Nase jetzt mit ihrem unwiderstehlichen Duft. Nach einem Nachtrocknen von weiteren 2 bis 4 Wochen im Schatten werden sie nach Form, Farbe, Länge und Oberflächenbeschaffenheit sortiert. Qualitativ gute Schoten müssen eine Mindestlänge von 14 Zentimetern aufweisen. Sie haben inzwischen rund vier Fünftel ihres ursprünglichen Eigengewichts verloren – 5 bis 6 Kilogramm grüne Vanillefrüchte ergeben bei guter Qualität etwa 1 Kilogramm getrocknete Schoten, die normalerweise einen Vanillingehalt von 1,6 bis 2 Prozent aufweisen sollten.

Die Riechprobe: Wenn der Duft stimmt, werden die gebündelten Schoten verpackt.

In Madagaskar werden zur Verarbeitung der Schoten inzwischen auch industrielle Verfahren mit Hochleistungsöfen angewendet, mit deren Hilfe in kürzester Zeit aus 180 Tonnen grüner Vanille 40 Tonnen des Fermentationsprodukts in Handelsqualität gewonnen werden können.

Mit einer Schnur aus den Blättern des *Raphia*-Baumes werden die getrockneten Schoten dann gebündelt, beispielsweise zu Päckchen von 250 Gramm. Dann kommen sie in spezielle, mit Wachspapier ausgelegte Versandkisten aus Holz, in denen 30 bis 40 Kilogramm Vanillestengel Platz finden.

Bei diesem aufwendigen Verarbeitungsverfahren und der grossen Nachfrage nach natürlicher Vanille darf man sich nicht wundern, dass im Jahr 2000 auf dem Weltmarkt der Kilopreis für verarbeitete Vanille bis auf 140 US-Dollar kletterte, und dies, obwohl in Madagaskar die Qualität bei einem recht niedrigen Vanillingehalt von 1,1 bis 1,6 Prozent nur mittelmässig ausgefallen war.

Schoten gleicher Länge werden mit einer Schnur aus den Blättern des *Raphia*-Baumes zusammengebunden.

Letzte Kontrolle, dann sind die Schoten für den Versand bereit. Praktisch die gesamte madegassische Produktion von rund 1000 Tonnen wird nach Europa und in die USA exportiert.

Das Original und sein Double

Das ätherische Öl der Vanillefrucht enthält rund 35 Duftstoffe. Das Hauptaroma stammt dabei vom natürlichen Vanillin und ist je nach Sorte unterschiedlich ausgeprägt. Als gute Qualität gilt ein Vanillingehalt von gegen 2 Prozent, die Spannweite kann aber von 1 bis 4 Prozent reichen. Auf Madagaskar wurden in Kreuzungsversuchen unter besten Bedingungen sogar schon Vanillinkonzentrationen von über 7 Prozent erreicht!

Das aromatische Aldehyd Vanillin, übrigens ein Antioxidans, wird erst durch die Fermentation freigesetzt. Weitere Aromastoffe sind Vanillylalkohol, p-Hydroxybenzaldehyd sowie Zimtsäureester. Dazu findet man in der Vanille Wachse, Harz, Zucker-, Schleim- und Gerbstoffe, Öle, Zellulose und Glykoside. Bei Vanille guter Qualität kann man an der Oberfläche kristallisiertes Vanillin in Form dünner weisser Nadeln erkennen – dies ist kein Zeichen mangelnder Qualität, ganz im Gegenteil!

Durch die Produktion echter Vanille allein konnte und kann der weltweite Bedarf an Vanille sowohl für kulinarische wie auch für medizinische und kosmetische Zwecke längst nicht vollständig gedeckt, ja nicht einmal die Nachfrage der grössten Vanilleabnehmer der Welt, der amerikanischen Softdrinkhersteller, befriedigt werden! Die Suche nach einem Ersatzstoff wurde deshalb schon früh zur grossen Herausforderung für Chemiker und Botaniker. Man fand den Stoff zum Beispiel im Kambialsaft von Fichten. Auch in anderen tropischen Pflanzen wie in Benzoe- und Guajakbäumen, Gewürznelken, Perubalsam, der frischen Ananasfrucht und der Tonkabohne kann der Vanilleduft nachgewiesen werden. Oft ist er dann allerdings mit anderen, zum Teil unerwünschten Aromastoffen angereichert.

Wissenschaftlicher Ehrgeiz und Forschungsdrang führten bereits wenige Jahrzehnte nach Morrens Entschlüsselung des Rätsels der Befruchtung der Vanille und Edmonds Trick mit der Bestäubung zum Erfolg. Um 1875 destillierten deutsche Chemiker zuerst aus der Rinde gewisser Nadelbäume, dann aus Eugenol, einem ätherischen Öl der Gewürznelke, synthetisches Vanillin – und damit war sie da, die Bedrohung der echten Vanille. Da heute aus der bei der Zellstoffproduktion anfallenden Sulfitlauge billiges Vanillin hergestellt werden kann, hat das synthetische Produkt die natürliche Vanille fast vom Markt geschwemmt. Doch eben nur fast! Zwar deckt synthetisches Vanillin heute rund 90 Prozent des weltweiten Bedarfs ab. Doch es hat wie die meisten kopierten Düfte und Aromen einen Makel: Der Ersatzstoff ist bei weitem nicht so komplex wie das Original. Synthetisches Vanillin schmeckt zwar intensiver, um nicht zu sagen härter und aufdringlicher, aber es erreicht niemals die perfekte und betörende Harmonie des originalen Duftes, weil es zu eindeutig ist. Zudem weist es eine unausgewogene, leicht bittere Geschmackskomponente auf. Nicolas Bouvier zieht dafür in seinem lesenswerten Buch «Une Orchidée qu'on appela Vanille» von 1998 den Vergleich, dass sich das synthetische Vanillin zu seinem natürlichen Vorbild verhalte wie eine Militärmusik zur musikalischen Kunst überhaupt. Und auch wenn in vielen Kochbüchern versichert wird, das Aroma künstlicher Vanille unterscheide sich in nichts vom originalen Inhalt der echten Schote, glauben Sie's nicht!

Vanille in der Küche

Vanille ist wahrscheinlich das am meisten verwendete Gewürz in der süssen Küche überhaupt und ist in vielen Backwaren, Eisspezialitäten und Desserts ganz einfach unersetzlich.

Eine gute Qualität erkennt man daran, dass die Schoten geschmeidig weich, runzlig und braunschwarz glänzend sind. Die Schale sollte dünn und leicht fettig sein. Weisse Kristalle auf der Oberfläche sind während des Fermentationsprozesses ausgetretenes Vanillin, die Hauptsubstanz also, die der Vanilleschote ihr charakteristisches Aroma verleiht.

Vanilleschoten bewahrt man am besten in einem passenden Glasbehälter an einem trockenen, kühlen und dunklen Ort auf, damit sie nicht austrocknen und ihr kostbares Aroma verlieren. Die Schoten lassen sich übrigens mehrmals verwenden, wenn man sie unter fliessendem Wasser abspült, dann gut trocknet und wieder in einem luftdichten Behälter verschliesst.

Hat man keine ganzen Vanilleschoten zur Hand, kann man sich ersatzweise auch mit Bourbon-Vanillepulver oder -zucker oder auch mit Vanillearoma beziehungsweise Vanilleessenz behelfen. Der Zusatz «Bourbon» steht als Gütesiegel für beste Qualität. Madagaskar ist zurzeit daran, eine eigene Marke für seine Vanille zu schaffen und diese schützen zu lassen.

Signet der «Vanille de madagascar».

Für das Pulver werden die ganzen Schoten gemahlen und mit Saccharose oder Kristallzucker gemischt. Natürlichen Vanillezucker erkennt man an seiner bräunlichen Farbe. Er sollte keinesfalls mit Vanillinzucker verwechselt werden, der ein rein synthetisch hergestelltes naturidentisches Produkt ist.

Vanilleessenz ist ein Auszug von Vanille in einer Wasser-Alkohol-Mischung, eventuell unter Zusatz von etwas Zuckersirup. Bei der Dosierung sollte man Vorsicht walten lassen, denn Vanilleessenz ist hoch konzentriert und darf deshalb nur sparsam verwendet werden. Als Faustregel gilt: 1 Vanilleschote entspricht ½ Teelöffel Vanillepulver, 1 Teelöffel Vanillezucker oder 3 Tropfen Vanillearoma oder -essenz.

Vanille verbessert nicht nur den Geschmack gezuckerter Speisen wesentlich, sie passt auch zu Zimt und Nelken sowie zu allem, was mit Kakao oder Schokolade zubereitet wird. Ausserdem harmoniert sie mit Desserts und Backwaren, die mit einem Schuss Rum oder einem anderen hochprozentigen Alkohol parfümiert werden. Zu den erstaunlichsten Geschmackserlebnissen gehören jedoch pikante Gerichte mit Vanille – das unverwechselbare Aroma passt nämlich auch bestens zu Gemüsen, die eine süssliche Note besitzen, zum Beispiel zu Karotten, Spargeln, Tomaten oder Erbsen, sowie zu Fisch, Geflügel aller Art, Lamm und Kalbfleisch.

Die Likörindustrie produziert mit Vanille und Auszügen daraus Eier-, Kakao-, Kaffee- und weitere Liköre, insbesondere auch einen speziellen Vanillelikör. Weiter werden die Schoten zu Vanillesirup und Vanilletinktur verarbeitet. In der kosmetischen und pharmazeutischen Industrie und bei der Aromatisierung von Tabaken spielt Vanille ebenfalls eine wichtige Rolle.

Vorsicht ist geboten, wenn als echt bezeichnete Vanille billig zu kaufen ist. Alles Teure wird verfälscht oder nachgemacht, das ist auch bei der Vanille nicht anders. Synthetisches Vanillin ist dabei der wichtigste Kandidat, um minderwertige oder teilextrahierte Vanilleschoten aufzuwerten; es wird zum Teil auch teuren Vanilleessenzen zugesetzt. Oft findet man Tonkabohnenextrakt oder die beiden verwandten Arten *Vanilla pompona* (Guadeloupe- oder Antillen-Vanille) und *Vanilla tahitiensis* (Tahiti) als «Verfälschung» in Bourbon-Vanilleprodukten. Letztere muss sich allerdings mit ihrem zart-blumigen Aroma nicht unbedingt nachteilig auf den Geschmack auswirken.

Zu den Massen

In diesem Buch werden die folgenden europäisch gebräuchlichen Flüssigkeitsmasse verwendet:

25 ml	=	1/4 dl		
50 ml	=	1/2 dl		
100 ml	=	1 dl	=	1/10 l
150 ml	=	1 1/2 dl		
200 ml	=	2 dl	=	1/5 l
250 ml	=	2 1/2 dl	=	1/4 l
300 ml	=	3 dl		
400 ml	=	4 dl		
500 ml	=	5 dl	=	1/2 l
600 ml	=	6 dl		
700 ml	=	7 dl		
750 ml	=	7 1/2 dl	=	3/4 l
800 ml	=	8 dl		
900 ml	=	9 dl		
1000 ml			=	1 l

Seezungenröllchen mit Rhabarber-Vanille-Sauce, Rezept Seite 35

Exotisch-raffiniert: Fisch-, Fleisch- und Gemüsespezialitäten

Feigen-Chicorée-Salat mit Vanilledressing

Ungewöhnlich und raffiniert: Frische Feigen werden in einer zart-würzigen Sauce aus einem Vanille-Sherry-Jus, wenig Essig und erstklassigem Olivenöl mariniert, auf getoastetem Brot, das mit Mascarpone-Gorgonzola oder – noch besser – einem feinen Ziegenfrischkäse bestrichen ist, angerichtet und mit Chicorée- und Radicchiosalat serviert. Anstelle von Feigen kann man auch eine in Scheiben geschnittene Avocado, Schnitze von gut reifen Birnen oder halbierte, entkernte Traubenbeeren verwenden.

Für 4 Personen

2 Chicorées
2 Radicchio
1 Vanilleschote
1/2 Teelöffel Zucker
50 ml Sherry
2–3 Esslöffel Rotweinessig
Salz, schwarzer Pfeffer aus der Mühle
6 Esslöffel Olivenöl
4 gut reife Feigen
ca. 75 g Mascarpone-Gorgonzola oder Ziegenfrischkäse
4 Scheiben Weissbrot

1 Chicorées und Radicchio rüsten und die Blätter auslösen.
2 Die Vanilleschote der Länge nach aufschneiden, die Schote und die herausgekratzten Samen mit dem Zucker und dem Sherry in ein Pfännchen geben, aufkochen, vom Feuer nehmen und den Jus 10 Minuten ziehen lassen. Dann die Vanilleschote entfernen.
3 Den Essig mit Salz, Pfeffer und Olivenöl verrühren. Den warmen Vanille-Sherry-Jus in dünnem Faden dazugiessen und alles zu einer cremigen Sauce rühren.
4 Die Feigen in 1 cm dicke Scheiben schneiden. In die Sauce legen und darin etwa 15 Minuten ziehen lassen. Herausnehmen und abtropfen lassen.
5 Den Mascarpone-Gorgonzola oder Ziegenkäse verrühren und leicht pfeffern.
6 Die Brotscheiben goldbraun rösten oder toasten. Sofort dick mit Käsecreme bestreichen und mit Feigenscheiben belegen.
7 Die Salatblätter dekorativ auf Tellern anrichten und grosszügig mit dem Vanilledressing beträufeln. Die Feigentoasts darauf legen und sofort servieren.

Spargeln mit Vanillegemüse

Ganz fein geschnittene Karotten und Sellerie werden mit Weisswein und Vanilleschote gedünstet, mit Butter verfeinert und auf warmen Spargeln angerichtet – eine Vorspeise oder eine kleine Mahlzeit, die nach Extravaganz schmeckt, aber in der Zubereitung ganz einfach ist.

Für 4 Personen als Vorspeise

1 Karotte
1 kleines Stück Sellerie
1 kg grüne Spargeln
1 Prise Zucker
Salz
80 g Butter
100 ml fruchtiger Weisswein
1/2 Vanilleschote
schwarzer Pfeffer aus der Mühle

1 Karotte und Sellerie schälen. Zuerst der Länge nach in dünne Scheiben, dann in feinste Streifen schneiden.
2 Das Ende der Spargeln um gut einen Drittel kürzen; frische grüne Spargeln brauchen nicht geschält zu werden. Die Spargeln in eine Pfanne geben und nur gerade knapp mit Wasser bedecken. Zucker und etwas Salz beifügen. Die Spargeln zugedeckt auf kleinem Feuer 8–10 Minuten garen.
3 Inzwischen 1 Esslöffel der Butter erhitzen. Die Karotten- und Selleriestreifen darin andünsten. Den Weisswein dazugiessen. Die Vanilleschote der Länge nach halbieren und zusammen mit den herausgekratzten Samen beifügen. Alles so lange kochen lassen, bis nur noch ganz wenig Flüssigkeit vorhanden ist. Am Schluss die restliche Butter beifügen und in den Jus einziehen lassen. Mit ganz wenig Zucker, etwas Salz und frisch gemahlenem Pfeffer abschmecken.
4 Die Spargeln gut abtropfen lassen und auf einer vorgewärmten Platte anrichten. Die Karotten- und Selleriestreifen darüber verteilen und sofort servieren.

Tipp: Nach Belieben 1/2–1 Bund fein geschnittenen Schnittlauch mit dem Gemüse mitdünsten.

Feigen-Chicorée-Salat mit Vanilledressing (oben)
Spargeln mit Vanillegemüse (unten)

Vanillezwiebelchen

Vanillezwiebelchen

Der zarte Vanillegeschmack, kombiniert mit dem süsslichen Aroma des Balsamicoessigs, verleiht diesen geschmorten Zwiebelchen ein köstliches Aroma. Am besten schmecken sie knapp lauwarm oder ausgekühlt genossen, zum Beispiel zusammen mit Rohschinken oder hauchdünn geschnittener Salami.

Für 6 Personen als Vorspeise

500 g Saucen- oder Perlzwiebelchen
4–5 Zweige Thymian
50 ml Olivenöl
1 Teelöffel brauner Zucker
1 Vanilleschote
schwarzer Pfeffer aus der Mühle
3–4 Esslöffel Balsamicoessig
12 Scheiben Parmaschinken

1 Reichlich Wasser aufkochen. Die Zwiebelchen hineingeben und 1 Minute blanchieren. In ein Sieb abschütten und mit kaltem Wasser abkühlen. Den Wurzelansatz abschneiden und die Zwiebelchen aus der Schale drücken.
2 Die Thymianblättchen von den Zweigen streifen.
3 In einer Pfanne das Olivenöl erhitzen. Die Zwiebelchen darin 5 Minuten andünsten. Den Zucker, die der Länge nach aufgeschlitzte Vanilleschote zusammen mit den herausgekratzten Samen, die Thymianblättchen sowie reichlich frisch gemahlenen Pfeffer beifügen. Alles kurz weiterrösten, dann 2–3 Esslöffel Wasser hinzufügen. Die Zwiebelchen zugedeckt auf kleinem Feuer 30–35 Minuten schmoren lassen, bis die Flüssigkeit leicht karamellisiert ist und die Zwiebeln weich und leicht braun sind.
4 Den Balsamicoessig dazugeben, alles gut mischen und vom Feuer ziehen. Die Zwiebelchen abkühlen lassen, jedoch nicht in den Kühlschrank stellen.
5 Zum Servieren auf jeden Teller dekorativ in die Mitte 2 Scheiben Parmaschinken legen. Die Vanillezwiebelchen darum herum verteilen und mit Balsamicojus beträufeln. Nach Belieben mit Thymian garnieren.

Etwa drei Jahre intensivster Pflege braucht es, bis die Vanilleorchidee erstmals Blüten und nach erfolgreicher Bestäubung auch die begehrten Schoten trägt.

Karottensuppe mit Vanilleparfum

Die natürlich-zarte Süsse der Karotten ist wie geschaffen dafür, mit Vanille kombiniert zu werden. Der zarte Vanilleduft lässt die feine Cremesuppe zu einer echten kulinarischen Überraschung werden. Auch eine Suppe aus frischen, jungen Erbsen oder Kefen kann auf diese Weise zubereitet werden.

Für 6 Personen als Vorspeise

400 g Karotten
1 kleine Zwiebel
1 Esslöffel Butter
100 ml Noilly Prat (trockener Wermut) oder halb trockener Sherry, halb Weisswein
3/4 l Gemüse- oder Hühnerbouillon
1 Vanilleschote
150 ml Rahm
1 Prise Zucker
Salz, Pfeffer

1 Die Karotten schälen und in dünne Scheiben schneiden. Die Zwiebel schälen und fein hacken.

2 Die Butter schmelzen. Die Zwiebel darin andünsten. Die Karotten beifügen und kurz mitdünsten. Noilly Prat oder Sherry und Weisswein dazugiessen und einen Moment einkochen lassen. Dann mit der Bouillon aufgiessen. Die Vanilleschote der Länge nach halbieren und beifügen. Das Gemüse zugedeckt auf kleinem Feuer etwa 20 Minuten weich garen.

3 Die Vanilleschote entfernen. 2 Esslöffel Karottenscheiben beiseite stellen. Das restliche Gemüse mitsamt der Flüssigkeit mit dem Stabmixer oder im Mixer fein pürieren.

4 Die Suppe wenn nötig mit etwas Bouillon oder Wasser verdünnen und nochmals aufkochen lassen. 100 ml Rahm darunter rühren, die Suppe mit Zucker, Salz und Pfeffer abschmecken.

5 Den restlichen Rahm steif schlagen. Die Suppe in vorgewärmten Tellern oder Suppenschalen anrichten und die Karottenscheiben hineingeben. Jede Portion mit 1 Esslöffel geschlagenem Rahm garnieren. Sofort servieren.

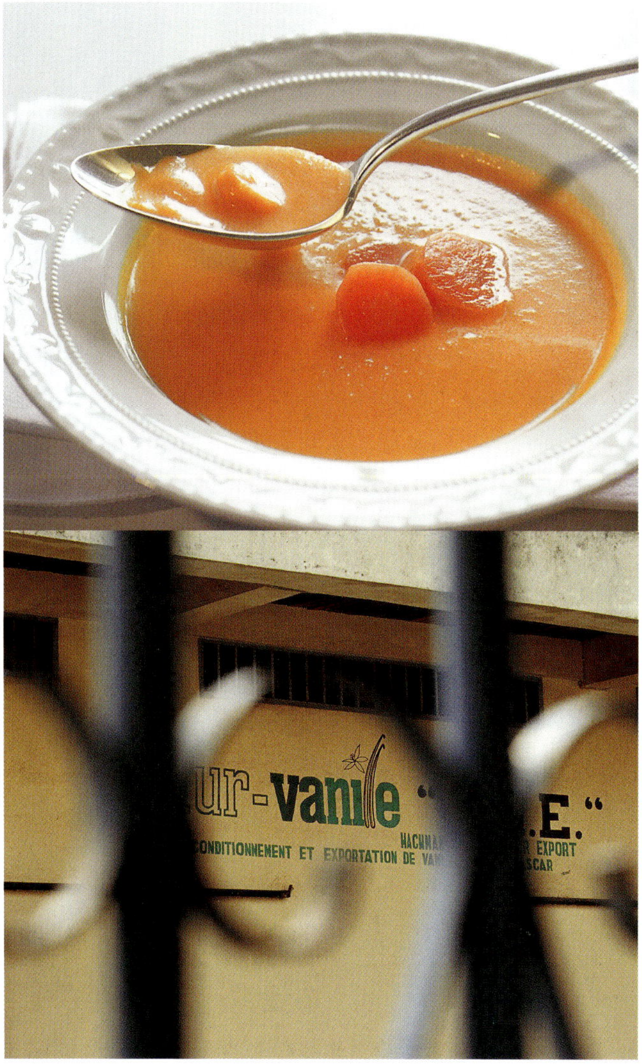

Karottensuppe mit Vanilleparfum

Seezungenröllchen mit Rhabarber-Vanille-Sauce

Mit Basilikumblättern belegte Seezungenfilets werden aufgerollt und in einem mit Ingwer, Vanille und Pfeffer gewürzten Rhabarbersud gegart. Dieser ergibt auch die Basis für eine ungewöhnliche, aber hinreissend schmeckende Sauce zum Fisch, begleitet von süss-sauren Rhabarberstücken.
Bild Seite 29.

Für 4 Personen

Sud:
2 Stangen Rhabarber
1 kleines Stückchen frischer Ingwer (ca. 1 cm lang)
1 Vanilleschote
4 schwarze Pfefferkörner
1 Prise Zucker
1 Esslöffel Butter
1/4 l Weisswein
4 Esslöffel Noilly Prat (trockener Wermut)

Rhabarber-Confit:
2 Stangen Rhabarber
50 ml Wasser
1 Esslöffel Rotweinessig
50 g Zucker

4 grosse Seezungenfilets
Salz, Pfeffer
16 kleinere Basilikumblätter
1 Esslöffel Doppelrahm
75 g Butter

1 Für den Sud den Rhabarber rüsten und in Stücke schneiden. Den Ingwer schälen und in feine Scheibchen schneiden. Die Vanilleschote der Länge nach halbieren. Die Pfefferkörner grob zerdrücken. Alle diese Zutaten zusammen mit dem Zucker in der Butter andünsten. Weisswein und Noilly Prat dazugiessen und alles 20 Minuten kochen lassen.
2 Inzwischen für das Confit den Rhabarber rüsten und schräg in gut 3 cm lange Stücke schneiden.
3 Wasser, Essig und Zucker aufkochen. Den Rhabarber beifügen und nur gerade knapp weich dünsten. Sorgfältig herausheben und auf einen tiefen Teller geben. Die Flüssigkeit sirupartig einkochen lassen und über die Rhabarberstücke giessen.
4 Den Rhabarber-Vanille-Sud durch ein Sieb passieren und in eine weite Pfanne geben. Auf knapp 100 ml einkochen lassen.
5 Die Seezungenfilets der Länge nach halbieren. Mit Salz und Pfeffer würzen, mit je 2 Basilikumblättern belegen und aufrollen. Mit einem Holzstäbchen fixieren.
6 Den Backofen auf 80 Grad vorheizen. 4 Teller und eine Platte mitwärmen.
7 Die Seezungenröllchen in den Rhabarbersud legen. Zugedeckt auf kleinem Feuer je nach Grösse 5–7 Minuten vor dem Siedepunkt gar ziehen lassen. Sorgfältig herausheben und auf der vorgewärmten Platte im Ofen warm stellen.
8 Den Doppelrahm zum Rhabarber-Vanille-Sud geben und diesen nochmals aufkochen lassen. Die Butter in Flocken beifügen und in die Sauce einziehen lassen. Mit Salz und Pfeffer abschmecken.
9 Zum Servieren etwas Sauce auf die Teller geben und die Seezungenröllchen darauf setzen. Mit etwas Rhabarber-Confit garnieren.

Lachsfeuilleté an Champagner-Vanille-Sauce

Kleine hausgemachte Blätterteigkissen werden mit frischem, über Dampf oder in wenig Fischfond gegartem Lachs belegt und mit einer leicht prickelnden, mit Vanille parfümierten Champagnersauce serviert. Die Sauce kann übrigens durchaus auch mit einem anderen Schaumwein zubereitet werden, zum Beispiel mit italienischem Prosecco oder spanischem Cava. Der Schaumwein muss jedoch in jedem Fall extra trocken sein, damit die Sauce beim Einkochen nicht eine süsse Note erhält.

Für 4 Personen als Vorspeise oder kleines Essen

1 kleine Schalotte
1 Esslöffel Butter
100 ml Champagner
200 ml Fischfond
6 schwarze Pfefferkörner
ca. 150 g Blätterteig
1/2 Vanilleschote
100 ml Doppelrahm
Salz, Cayennepfeffer
1 Eigelb
400–450 g Lachsfilet am Stück, entgrätet und enthäutet
25 g Butter und
1 Schuss Champagner zum Fertigstellen

1 Die Schalotte schälen und fein hacken. In der warmen Butter andünsten. Den Champagner, den Fischfond sowie die grob zerdrückten Pfefferkörner beifügen und alles auf knapp 100 ml einkochen lassen.
2 Inzwischen auf der leicht bemehlten Arbeitsfläche den Blätterteig etwa 4 mm dick auswallen und in 4 gleich grosse Rechtecke schneiden. Diese auf ein kalt abgespültes Backblech legen. Kurz kühl stellen.
3 Die Vanilleschote der Länge nach aufschlitzen und zusammen mit dem Doppelrahm zum eingekochten Champagnerjus geben. Die Sauce noch so lange kochen lassen, bis sie leicht bindet. Mit Salz und Cayennepfeffer abschmecken. Beiseite stellen.
4 Die Blätterteigrechtecke mit Eigelb bestreichen. Im auf 220 Grad vorgeheizten Ofen auf der zweituntersten Rille in etwa 12 Minuten goldbraun backen.
5 Das Lachsfilet in 4 gleichmässige Tranchen schneiden. Mit Salz und Pfeffer würzen. In einen leicht gebutterten Siebeinsatz legen und im aufsteigenden Dampf zugedeckt je nach Dicke der Tranchen 4–5 Minuten garen. Man kann die Lachsfilettranchen auch in wenig leicht kochendem Fischfond zugedeckt gar ziehen lassen.
6 Kurz bevor der Fisch gar ist, die Sauce nochmals aufkochen. Die Butter beifügen und einziehen lassen. Zuletzt mit 1 Schuss Champagner parfümieren; dabei schäumt die Sauce leicht auf.
7 Die Blätterteigkissen waagrecht aufschneiden. Die Teigböden auf vorgewärmte Teller setzen. Die Lachstranchen nach Belieben in dünne Scheiben aufschneiden, auf den Blätterteigboden geben, mit etwas Sauce beträufeln und den Blätterteigdeckel aufsetzen. Die Feuilletés mit der restlichen Sauce umgiessen. Sofort servieren.

Tipp: Anstelle von Lachs kann man Pouletbrust verwenden: Das Fleisch in einem Sud aus Champagner und Geflügelfond gar ziehen lassen, dünn aufschneiden und mit der Sauce servieren.

Riesencrevetten an Vanille-Sherry-Sauce

Vanille und Sherry passen sehr gut zusammen. Diese beiden Zutaten parfümieren in diesem Gericht eine samtene Rahmsauce, die nicht nur Riesencrevetten gut ansteht, sondern auch zu Lachsforellen- oder Seezungenfilet oder zu Pouletbrüstchen passt. Für die Sauce unbedingt einen trockenen Sherry verwenden, sonst schmeckt sie süsslich.
Bild Seite 38.

Für 4 Personen als Vorspeise oder kleine Mahlzeit

1 Schalotte
1 Teelöffel Butter
100 ml Weisswein
100 ml trockener Sherry
100 ml Rahm
1/2 Vanilleschote
8–12 grüne Spargeln
200 g Cherrytomaten
Salz, schwarzer Pfeffer aus der Mühle
20 Riesencrevetten oder Scampi
1 Knoblauchzehe
3 Esslöffel Olivenöl
40 g Butter zum Fertigstellen
1 Bund Schnittlauch

1 Die Schalotte schälen und fein hacken. In der Butter hellgelb dünsten. Mit dem Weisswein und dem Sherry ablöschen und auf knapp die Hälfte einkochen lassen. Dann den Rahm sowie die der Länge nach aufgeschlitzte Vanilleschote beifügen und alles wieder gut zur Hälfte einkochen lassen. Die Sauce beiseite stellen.

2 Während die Sauce kocht, die Spargeln zubereiten: Das untere Drittel der Stangen wegschneiden. Die Spargeln in wenig Salzwasser nur gerade knackig garen. Abschütten, kalt abschrecken und nach Belieben der Länge nach halbieren.

3 Die Cherrytomaten je nach Grösse halbieren oder vierteln. Mit Salz und Pfeffer würzen.

4 Die Riesencrevetten oder Scampi aus der Schale brechen, am Rücken entlang einschneiden und den schwarzen Darmfaden entfernen.

5 Den Backofen auf 80 Grad vorheizen. 4 Teller und eine kleine Platte mitwärmen.

6 Die Knoblauchzehe halbieren und eine beschichtete Bratpfanne damit ausreiben. 2 Esslöffel Olivenöl darin erhitzen. Die Riesencrevetten oder Scampi mit Salz und Pfeffer würzen. Im Öl rund herum 2–3 Minuten nicht zu heiss braten. Auf die vorgewärmte Platte geben und im Ofen warm stellen.

7 Nochmals 1 Esslöffel Olivenöl in die Pfanne geben. Die Spargeln darin kurz braten. Die Cherrytomaten beifügen und nur gut heiss werden lassen.

8 Die vorbereitete Sauce nochmals aufkochen und die Butter in Flocken beifügen. Mit Salz und Pfeffer abschmecken.

9 Die Riesencrevetten oder Scampi auf den vorgewärmten Tellern anrichten, mit Sauce umgiessen und mit Spargeln sowie Tomaten garnieren. Den Schnittlauch mit einer Schere darüber schneiden.

Riesencrevetten an Vanille-Sherry-Sauce (oben), Rezept Seite 36
Pouletwürfel mit Erbsen in Vanillerahm (unten)

Pouletwürfel mit Erbsen in Vanillerahm

Wie Karotten besitzen auch frische junge Erbsen eine leichte Süsse, die durch das Vanillearoma perfekt ergänzt wird. Das geschmacklich feine Pouletfleisch vollendet die Harmonie dieses einfachen, aber raffinierten Gerichts.

Für 4 Personen

4 grosse Pouletbrüstchen
Salz, schwarzer Pfeffer aus der Mühle
1 Esslöffel Bratbutter
1/8 l Weisswein
3 Schalotten
2 Esslöffel Butter
1/8 l Doppelrahm
1/8 l Crème fraîche
2 Vanilleschoten
300 g ausgelöste frische Erbsen (aus gut 1 kg Schoten) oder tiefgekühlte Erbsen

1 Den Backofen auf 75 Grad vorheizen. Tiefe Teller und eine Platte mitwärmen.
2 Die Pouletbrüstchen in grosse Würfel schneiden. Mit Salz und Pfeffer würzen. In 2 Portionen in der heissen Bratbutter rundherum 1 1/2–2 Minuten anbraten. Auf die vorgewärmte Platte geben und im Ofen 45–60 Minuten nachgaren lassen.
3 Den Bratensatz mit dem Weisswein auflösen und gut zur Hälfte einkochen lassen. Durch ein Sieb giessen, um die Bratrückstände zu entfernen. Den Jus beiseite stellen.
4 Die Schalotten schälen und so fein wie möglich hacken.
5 In einer kleinen Pfanne die Hälfte der Butter schmelzen. Die Hälfte der Schalotten darin hellgelb dünsten. Dann den eingekochten Weisswein, den Doppelrahm sowie die Crème fraîche beifügen. Die Vanilleschoten der Länge nach aufschlitzen, in die Sauce geben und diese einkochen lassen, bis sie leicht bindet. Mit Salz und Pfeffer abschmecken. Beiseite stellen.
6 In einer zweiten Pfanne die restliche Butter schmelzen und die zweite Portion Schalotten darin andünsten. Die Erbsen beifügen, 4–5 Esslöffel Wasser dazugeben und das Gemüse zugedeckt weich kochen. Mit Salz und Pfeffer würzen.
7 Vor dem Servieren die Erbsen und die Sauce nochmals aufkochen. Die Erbsen in die Teller verteilen. Die Pouletwürfel mit der Sauce mischen und auf den Erbsen anrichten.

Kalbsfilet an Karotten-Vanille-Sauce auf Kohlrabi

Die leichte Gemüsesauce mit überraschender Vanillenote passt auch zu Pouletbrüstchen, zu Lachsforellen- oder Seezungenfilets. Als Beilage zu diesem Gericht eignen sich neben Reis auch in Bouillon gekochte Kartoffelwürfel.
Bild Seite 40.

Für 4–5 Personen

Ca. 500 g Kalbsfilet
Salz, schwarzer Pfeffer aus der Mühle
1 Esslöffel Bratbutter
50 ml Noilly Prat (trockener Wermut)
100 ml Weisswein
200 ml Kalbsfond
1 Vanilleschote
50 ml Karottensaft, frisch gepresst oder fertig gekauft
2 Kohlrabi, wenn möglich mit Grün
80 g Butter

1 Den Ofen auf 80 Grad vorheizen. Teller und eine Platte mitwärmen.
2 Das Kalbsfilet mit Salz und Pfeffer würzen. In der heissen Bratbutter rundherum je nach Dicke 7–9 Minuten anbraten. Sofort auf die vorgewärmte Platte geben und im Ofen 1 3/4–2 Stunden nachgaren lassen.
3 Den Bratensatz mit dem Noilly Prat und dem Weisswein auflösen und kräftig einkochen. Dann den Kalbsfond und die der Länge nach aufgeschlitzte Vanilleschote beifügen und alles auf knapp 100 ml einkochen lassen. Den Karottensaft dazugiessen und den Jus nochmals um etwa ein Drittel einkochen lassen. Beiseite stellen.
4 Von den Kohlrabi zartes Grün wegschneiden und fein hacken. Die Kohlrabi schälen und in Stifte schneiden. In 1 Esslöffel Butter andünsten. 2–3 Esslöffel Wasser beifügen, mit Salz und Pfeffer würzen und zugedeckt weich garen. Am Schluss das Kohlrabigrün darunter mischen.
5 Unmittelbar vor dem Servieren den Karottenjus nochmals aufkochen. Die Vanilleschote entfernen. Die restliche Butter in Flocken einziehen lassen. Mit Salz und Pfeffer abschmecken.
6 Das Kalbsfilet schräg in Scheiben aufschneiden. Etwas Kohlrabigemüse in die Mitte der vorgewärmten Teller geben, die Kalbsfiletscheiben darauf anrichten und mit Karottenjus umgiessen.

Kalbsfilet an Karotten-Vanille-Sauce auf Kohlrabi (links),
Rezept Seite 39
Perlhuhnbrust mit Vanillepfirsich (oben), Rezept Seite 42

Perlhuhnbrust mit Vanillepfirsich

Saftige, in einem Weissweinsud gekochte Pfirsiche ergeben eine perfekte Ergänzung zu der mit Rosmarin gebratenen und mit einem leichten Honigjus servierten Perlhuhnbrust. Diese kann auch durch Poulet- oder Entenbrust ersetzt werden.
Bild Seite 41.

Für 4 Personen

Vanillepfirsiche:
1/4 l Weisswein
75 g Zucker
1 Vanilleschote
4 gelbe oder weisse Pfirsiche

Perlhuhn:
1 Frühlingszwiebel
1 Zweig Rosmarin
4 Perlhuhn- oder ersatzweise Pouletbrüstchen
Salz, schwarzer Pfeffer aus der Mühle
2 Esslöffel Olivenöl
50 ml Weisswein
50 ml Noilly Prat (trockener Wermut)
1 Teelöffel Honig

1 Für die Pfirsiche den Weisswein mit dem Zucker, der längs aufgeschlitzten Vanilleschote und den herausgekratzten Samen in eine Pfanne geben, aufkochen und zugedeckt auf kleinem Feuer gut 5 Minuten kochen lassen.
2 Inzwischen die Pfirsiche kurz in kochendes Wasser tauchen, kalt abschrecken, schälen, halbieren und den Stein entfernen. Die Pfirsichhälften im Weissweinsud zugedeckt je nach Reifegrad der Früchte 4–8 Minuten sanft garen. Die Pfirsiche und die Vanilleschote herausheben und gut abtropfen lassen.
3 Die Frühlingszwiebel rüsten und mitsamt schönem Grün fein schneiden. Die Rosmarinnadeln fein hacken.
4 Den Backofen auf 160 Grad vorheizen.
5 Die Geflügelbrüstchen mit dem gehackten Rosmarin, Salz und Pfeffer würzen. Im heissen Olivenöl 2–3 Minuten kräftig anbraten. Gegen Schluss der Bratzeit die Frühlingszwiebel beifügen und kurz mitbraten. Mit dem Weisswein und dem Noilly Prat ablöschen. Die Geflügelbrüstchen mitsamt dem Bratenjus in eine feuerfeste Form geben. Die Pfirsichhälften dazulegen und mit je einem Stückchen Vanilleschote belegen.
6 Die Geflügelbrüstchen im 160 Grad heissen Ofen auf der zweituntersten Rille 15–20 Minuten nachgaren lassen.
7 Den Ofen ausschalten und die Türe öffnen. Den Bratenjus in ein Pfännchen giessen, den Honig beifügen und aufkochen. Die Sauce mit Salz und Pfeffer abschmecken.
8 Die Geflügelbrüstchen schräg in Scheiben aufschneiden und mit den Pfirsichhälften auf vorgewärmten Tellern anrichten. Das Fleisch mit der Sauce beträufeln. Sofort servieren.

Kaninchenrückenfilet mit Vanillejus

Die Zubereitung dieses Gerichts ist zwar eher aufwendig, lässt sich jedoch bis aufs Braten im Ofen – das keine Arbeit mehr gibt – einen halben bis einen Tag im Voraus vorbereiten. Die passende Beilage dazu ist ein Weissweinrisotto, der perfekt mit der würzigen Sauce des Fleischs harmoniert.
Bild Seite 45.

Für 4 Personen

2 Kaninchenrücken mit Knochen (je ca. 400 g)
1 Zwiebel
1 Karotte
1 kleines Stück Knollensellerie
2 Esslöffel Olivenöl
1 Teelöffel Tomatenpüree
1/4 l Weisswein
1/2 Vanilleschote
2 Zweige Thymian

Farce:
1 Pouletbrüstchen (ca. 100 g)
1 Eiweiss
50 ml Doppelrahm
1/2 Bund glattblättrige Petersilie
Salz, schwarzer Pfeffer aus der Mühle

1 Schweinsnetz (evtl. beim Metzger vorbestellen)
Salz, Pfeffer
2 Esslöffel Olivenöl
60 g Butter
nach Belieben 4 Zweige Thymian

1 Die Kaninchenrückenfilets sorgfältig auslösen; die Knochen in Stücke hacken (evtl. beides vom Metzger besorgen lassen).

2 Die Zwiebel schälen und hacken. Karotte und Sellerie schälen und in Würfel schneiden. Das Gemüse zusammen mit den Knochen im heissen Olivenöl etwa 10 Minuten kräftig anrösten. Das Tomatenpüree beifügen und kurz mitrösten. Mit dem Weisswein ablöschen und alles noch etwa 15 Minuten kochen lassen. Durch ein Sieb passieren.

3 Den Jus in eine Pfanne geben. Die aufgeschlitzte Vanilleschote und die abgezupften Thymianblättchen beifügen. Aufkochen und auf knapp 100 ml einkochen lassen.

4 Für die Farce das Pouletbrüstchen in kleine Würfel schneiden. Im Tiefkühlfach 20 Minuten anfrieren lassen. Das Eiweiss und den Doppelrahm sehr kalt stellen (jedoch nicht im Tiefkühler). Die Petersilienblätter von den Zweigen zupfen.

5 Die Pouletwürfelchen mit dem Eiweiss und der Petersilie im Cutter fein pürieren. Dann sorgfältig den kalten Doppelrahm darunter rühren. Die Farce mit Salz und Pfeffer würzen, kalt stellen.

6 Etwa 20 Minuten vor dem Servieren den Ofen auf 220 Grad vorheizen.

7 Das Schweinsnetz in 2 Rechtecke schneiden, die dreimal so breit und etwas länger als die Filets sind. Die Kaninchenrückenfilets mit Salz und Pfeffer würzen, auf der Oberseite mit der Farce bestreichen und sorgfältig in das Schweinsnetz wickeln.

8 In einem Bräter das Olivenöl erhitzen. Die Filets hineingeben und im vorgeheizten Ofen 8–10 Minuten braten. Herausnehmen und 5 Minuten zugedeckt ruhen lassen.

9 Inzwischen die Sauce nochmals aufkochen. Die Vanilleschote entfernen. Die Butter in Flocken beifügen und in die Sauce einziehen lassen. Mit Salz und Pfeffer abschmecken.

10 Die Kaninchenfilets in Scheiben aufschneiden, auf vorgewärmten Tellern anrichten und mit der Sauce umgiessen. Nach Belieben mit Thymianzweigen garnieren.

Jede einzelne Schote muss noch am Strauch bis spätestens zwei Wochen vor der Ernte gestempelt sein. So sollen Diebstähle des wertvollen Gutes verhindert werden.

Gefüllte Pouletbrüstchen mit Vanilletomaten

Cherrytomaten werden rundherum eingestochen und in einem Sud mit viel Vanille, etwas Sternanis, Zimt und anderen exotischen Gewürzen einen Tag lang mariniert. Sie passen nicht nur zu diesen mit Ricotta, Parmesan, Marsala, Pinienkernen und Rosinen gefüllten und mit Parmaschinken umhüllten Pouletbrüstchen, sondern begleiten auch sehr gut viele andere grillierte oder gebratene Fleischspezialitäten wie Lammgigot oder Lammrückenfilet, Schweinsfilet oder -nierstück, Rindsfilet oder Entenbrust.

Für 4 Personen

Vanilletomaten:
400 ml Wasser
200 g Zucker
3 Vanilleschoten
3 Sternanis
1 kleines Stück Zimtstange (1 cm)
3 Lorbeerblätter
1 Teelöffel Korianderkörner
1 Teelöffel schwarze Pfefferkörner
1 Zitrone
4 Esslöffel Balsamicoessig
500 g Cherrytomaten

Pouletbrüstchen:
2 Esslöffel Paniermehl
1 gehäufter Esslöffel Pinienkerne
1 gehäufter Esslöffel Rosinen
1 Zwiebel
2 Esslöffel Olivenöl
2 Esslöffel Marsala
50 g Ricotta
2 Esslöffel geriebener Parmesan
Salz, schwarzer Pfeffer aus der Mühle
4 Pouletbrüstchen
4 Tranchen dünn geschnittener Parma- oder anderer Rohschinken
Olivenöl zum Braten

1 Esslöffel Butter

1 Das Wasser mit dem Zucker, den längs aufgeschlitzten Vanilleschoten sowie allen weiteren Würzzutaten etwa 10 Minuten ungedeckt kochen lassen. Vom Feuer nehmen.

2 Die Zitrone in dünne Scheiben schneiden. Mit dem Essig zum heissen Sud geben. Etwas abkühlen lassen.

3 Inzwischen von den Cherrytomaten den Stielansatz entfernen, die Früchte waschen, mit Küchenpapier trocknen und mit einer feinen Nadel rundherum mehrmals einstechen. In die lauwarme Marinade legen. Mindestens 1 Tag ziehen lassen.

4 Für die Pouletbrüstchen das Paniermehl in einer trockenen Pfanne ohne Fettzugabe leicht rösten.

5 Die Pinienkerne und die Rosinen hacken. Die Zwiebel schälen und fein schneiden. Alle diese Zutaten im heissen Olivenöl gut andünsten. Zum Paniermehl geben und abkühlen lassen. Dann Marsala, Ricotta und Parmesan darunter mischen und mit Salz sowie Pfeffer abschmecken.

6 Die Pouletbrüstchen waagrecht tief ein-, aber nicht durchschneiden und mit der Ricottamasse füllen. Mit je 1 Scheibe Rohschinken umwickeln und diese mit einem Holzspiesschen fixieren.

7 Die Pouletbrüstchen in Olivenöl beidseitig etwa 10 Minuten nicht zu heiss braten.

8 Gegen Ende der Bratzeit die Tomaten sorgfältig aus der Marinade heben und gut abtropfen lassen. Die Butter in einer Pfanne erhitzen und die Tomaten beifügen. 2–3 Esslöffel Marinade dazugeben. Die Tomaten unter gelegentlichem Schwenken der Pfanne 2–3 Minuten dünsten, bis sie gut heiss sind.

9 Jedes Pouletbrüstchen schräg zweimal aufschneiden und mit den Tomaten anrichten. Diese nach Belieben mit einem Stück Vanille aus der Marinade garnieren.

Kaninchenrückenfilet mit Vanillejus (oben), Rezept Seite 42
Gefüllte Pouletbrüstchen mit Vanilletomaten (unten)

Entenbrust an Kürbis-Vanille-Jus

Kürbis und Entenbrust passen ausgezeichnet zu dieser fruchtigen Sauce mit exotischer Note. Die Sauce kann übrigens bereits ein bis zwei Tage im Voraus zubereitet werden, sodass man eine gute Stunde vor dem Essen nur noch das Fleisch anzubraten braucht. Gut passen zu diesem Gericht ein Kartoffelpüree (einige Knoblauchzehen mitkochen) und als auch farblich attraktive Ergänzung gedünstete Kefen oder Erbsen.

Für 4 Personen

Fond:
200 g Kalbsknochen, vom Metzger zerkleinert
2–3 Esslöffel Öl
1 Zwiebel
2 Lorbeerblätter
2 Nelken
1 Karotte
1 kleines Stück Sellerie
1 kleine Stange Lauch
600 g Kürbis
50 ml Himbeer- oder Rotweinessig
1/4 l leicht süsslicher oder zumindest sehr fruchtiger Weisswein
1/2 l Wasser
1 Vanilleschote
3 Stück Sternanis
einige zerdrückte schwarze Pfefferkörner

Fleisch:
2–3 Entenbrüstchen, je nach Grösse
Salz, Pfeffer aus der Mühle
1 Esslöffel Bratbutter
50 g Butter

1 Die Kalbsknochen im heissen Öl etwa 10 Minuten kräftig anbraten.
2 Inzwischen die Zwiebel schälen, vierteln, mit den Lorbeerblättern und den Nelken bestecken. Karotte, Sellerie und Lauch rüsten und in Stücke schneiden. Den Kürbis entkernen, die Schale dünn wegschneiden und das Fruchtfleisch klein würfeln. Ein Drittel der Kürbiswürfelchen für die Garnitur beiseite stellen.
3 Die restlichen Kürbiswürfel mit Zwiebel, Karotte, Sellerie und Lauch zu den angerösteten Knochen geben und 3–4 Minuten mitbraten. Den Essig und den Weisswein dazugiessen und alles 5 Minuten kochen lassen. Dann das Wasser, die der Länge nach aufgeschlitzte Vanilleschote, Sternanis und Pfefferkörner beifügen. Den Fond auf kleinem Feuer 45–60 Minuten kochen lassen.
4 Den Fond durch ein feinmaschiges Sieb in einen sauberen Topf giessen, dabei die ausgekochten Zutaten leicht ausdrücken. Die beiseite gestellten Kürbiswürfelchen beifügen. Den Fond nochmals so lange einkochen lassen, bis er leicht bindet. Er kann gut 1–2 Tage im Voraus zubereitet werden.
5 Den Backofen auf 75 Grad vorheizen, 4 Teller und eine Platte mitwärmen.
6 Die Entenbrüstchen salzen und pfeffern. In der sehr heissen Bratbutter zuerst auf der Fettseite 3 Minuten, dann auf der Fleischseite je nach Dicke 1 1/2–2 Minuten anbraten. Sofort auf die vorgewärmte Platte geben und im Ofen 1–1 1/4 Stunden nachgaren lassen.
7 Unmittelbar vor dem Servieren den Jus aufkochen. Die Butter in Flocken beifügen und in die Sauce einziehen lassen. Mit Salz und Pfeffer abschmecken.
8 Die Entenbrüstchen schräg in Scheiben aufschneiden, auf vorgewärmten Tellern anrichten und mit etwas Sauce umgiessen.

Goldener Hochzeitsreis

In Indien wird dieser Gewürzreis mit Blattgold garniert an hohen Festtagen und Hochzeiten gereicht. Er passt zu den verschiedensten, vor allem mit Lamm oder Geflügel zubereiteten Saucengerichten.

Für 4 Personen als Beilage

Ca. 2 cm frischer Ingwer
1 Vanilleschote
1 Teelöffel Butter
400 ml leichte Hühner- oder Gemüsebouillon
200 g Basmatireis
1 Briefchen Safran
1 Granatapfel
75 g Mandelstifte
1/2 Teelöffel gemahlener Kardamom
75 g Rosinen
3–4 Esslöffel Rosenwasser (in der Apotheke erhältlich)
Salz, Pfeffer aus der Mühle
nach Belieben 2–3 Blätter Blattgold

1 Den Ingwer schälen und fein reiben oder hacken. Die Vanilleschote der Länge nach aufschlitzen.
2 In einer Pfanne die Butter schmelzen. Ingwer und Vanilleschote darin dünsten, bis es gut riecht. Die Bouillon dazugiessen. Den Reis und den Safran beifügen, einmal aufkochen und zugedeckt auf kleinem Feuer gar ziehen lassen, bis der Reis alle Flüssigkeit aufgenommen hat. Die Vanilleschote entfernen und den Reis mit einer Gabel lockern.
3 Während der Reis kocht, den Granatapfel waagrecht halbieren und die Kerne auslösen. Die Mandelstifte und den Kardamom in einer trockenen Pfanne ohne Fettzugabe leicht rösten. Vom Feuer nehmen und die Granatapfelkerne dazugeben.
4 Die Granatapfelkerne und das Rosenwasser zum fertig gegarten Reis geben und alles gut mischen. Den Reis bergartig auf einer vorgewärmten Platte anrichten und nach Belieben mit Blattgold garnieren. Sofort servieren.

Tipp: Blattgold ist in Farbenfachgeschäften oder im gut sortierten Papierwarenhandel erhältlich. Man unterscheidet verschiedene Gewichtsklassen; für die Küche unbedingt feine Blätter wählen. Bei Verwendung die hauchdünnen Goldblätter mit einer Pinzette sorgfältig vom Seidenpapier heben und in kleinen Stücken auf den Reis legen.

Orientalischer Auberginenpie

Dieser saftige Pie wird nicht in einer Teighülle gebacken, sondern gebratene Auberginenscheiben halten die exotisch gewürzte Lammfleischfüllung in Form. Für besonders Hungrige gibt es als Beilage ein Couscous oder – besonders festlich – den goldenen Hochzeitsreis (links).
Bild Seite 50.

Für 4–6 Personen

50 g Rosinen
600 g Lammhuft
4 Schalotten
Salz, Pfeffer aus der Mühle
2 Esslöffel Olivenöl
2 Vanilleschoten
1 Esslöffel Tomatenpüree
je 1/2 Teelöffel Ingwer- und Zimtpulver
1 Esslöffel Honig
1/2 Bund frischer Koriander oder glattblättrige Petersilie
1 Prise Safranfäden
50 g Risottoreis (z.B. Arborio oder Vialone)
4 grosse, möglichst lange Auberginen
Olivenöl zum Braten

1 Die Rosinen in ein Schüsselchen geben und mit 50 ml heissem Wasser knapp bedeckt 15 Minuten einweichen.
2 Die Lammhuft in knapp 1/2 cm grosse Würfel schneiden, mit Salz und Pfeffer würzen. Die Schalotten schälen und vierteln.
3 In einer Pfanne das Olivenöl erhitzen. Fleisch und Schalotten darin etwa 5 Minuten hellbraun braten. Die Vanilleschoten der Länge nach aufschlitzen und zusammen mit Tomatenpüree, Ingwer und Zimt zum Fleisch geben. Weitere 5 Minuten dünsten. Dann den Honig, den Koriander oder die Petersilie, den Safran sowie die Rosinen mitsamt Einweichflüssigkeit beifügen und aufkochen.
4 Das Ragout zugedeckt etwa 30 Minuten schmoren lassen, bis das Fleisch weich ist. Die Vanilleschoten und Korianderzweige entfernen. Mit Salz abschmecken und den Reis darunter mischen. Beiseite stellen und abkühlen lassen.
5 Von den Auberginen den Stielansatz wegschneiden und die Früchte mit einem grossen Messer oder besser mit der Aufschnittmaschine der Länge nach in etwa 5 mm dicke Scheiben schneiden.

Orientalischer Auberginenpie, Rezept Seite 48

6 Die Auberginenscheiben auf der Arbeitsfläche auslegen und mit etwas Salz bestreuen. 15–20 Minuten ziehen lassen.

7 Die Auberginenscheiben mit Küchenpapier trockentupfen. In einer beschichteten Bratpfanne in etwas Olivenöl portionenweise nur auf einer Seite kurz, aber kräftig anbraten; die Auberginen sollen dabei leicht Farbe annehmen. Auf Küchenpapier abtropfen lassen.

8 Eine nicht zu tiefe Pieform oder Gratinplatte sternförmig und überlappend mit Auberginenscheiben auslegen; diese sollen weit über den Formenrand hinausragen. Das Lammragout darauf geben und mit dem überstehenden Teil der Auberginenscheiben bedecken. In der Mitte mit Holzspiesschen fixieren.

9 Den Auberginenpie im auf 180 Grad vorgeheizten Ofen auf der zweituntersten Rille etwa 30 Minuten backen. Heiss aus dem Ofen servieren.

Sweet Potatoes

Süsskartoffeln, auch Bataten genannt, werden weltweit in subtropischen und tropischen Ländern in Hunderten von Sorten kultiviert. Europäische Produzenten sind Spanien, Portugal und Italien. Es gibt wie bei den Kartoffeln fest kochende und mehlig kochende Sorten: Weissfleischige Knollen können mehlig oder sogar trocken werden, tief orangefarbenes Fleisch zeigt gewöhnlich eher feuchte und süsse Knollen an. Die rotfleischigen Süsskartoffeln gelten sowohl bezüglich der Kocheigenschaften wie auch des Aromas als die besten. Das folgende Süsskartoffelgericht passt ausgezeichnet als Beilage zu Geflügel aller Art, zu Kalb- und Schweinefleisch.

Für 4 Personen als Beilage

800 g Süsskartoffeln
50 g Butter
1 Vanilleschote
2 Esslöffel Rohrzucker oder Ahornsirup
100 ml Gemüsebouillon

1 Die Süsskartoffeln schälen und in etwa 2 cm dicke Scheiben oder Schnitze schneiden. In leicht gesalzenes Wasser geben und zugedeckt knapp weich kochen. Abschütten und gut abtropfen lassen.

2 Die Butter schmelzen. Die Vanilleschote der Länge nach aufschlitzen und zusammen mit den herausgekratzten Samen sowie dem Rohrzucker oder Ahornsirup darin dünsten, bis sich der Zucker aufgelöst hat. Die Süsskartoffeln beifügen und alles sorgfältig mischen. Die Bouillon dazugiessen und die Süsskartoffeln zugedeckt auf kleinem Feuer 5–8 Minuten ziehen lassen, dann sofort servieren.

Glasierte Vanilledörräpfel mit Kastanien

Sweet Potatoes (oben)
Glasierte Vanilledörräpfel mit Kastanien (unten)

Verwenden Sie für diese originelle Beilage zu Wild, aber auch zu Ente, Lamm, Schweinefleisch oder «suurem Mocke» (Sauerbraten) unbedingt Dörräpfel mit Schalenrand – das sieht besonders dekorativ aus. Ohne Kastanien passen die Äpfel auch zu Vanille- oder Lebkuchenglace.

Für 4 Personen als Beilage

1 Vanilleschote
1/2 l Wasser
100 ml Orangenblütenwasser
150 g Zucker
1 Päckchen Bourbon-Vanillezucker
2 Nelken
2 Stück Sternanis
1 kleines Stück Zimtstange
250 g Dörräpfel
Saft von 1 Limone oder Zitrone
250 g tiefgekühlte Kastanien

1 Die Vanilleschote der Länge nach aufschlitzen und zusammen mit den herausgekratzten Samen, mit Wasser, Orangenblütenwasser, Zucker, Vanillezucker, Nelken, Sternanis sowie Zimt in eine Pfanne geben. Aufkochen und 5 Minuten sprudelnd kochen lassen.
2 Die Dörräpfel in den heissen Sirup legen und einmal aufkochen lassen. Dann zugedeckt auf der ausgeschalteten Herdplatte 1 Stunde ziehen lassen.
3 Sollte fast alle Flüssigkeit von den Äpfeln aufgesogen sein, noch etwas Wasser dazugiessen. Den Limonen- oder Zitronensaft beifügen und alles nochmals aufkochen. Die Kastanien dazugeben und auf kleinem Feuer zugedeckt 5–10 Minuten knapp weich kochen. Die Dörräpfel schmecken am besten noch leicht warm serviert.

Etwas Botanik

Die Vanillepflanze ist eine Gattung der Familie der rund 30 000 Orchideenarten (*Orchidaceae*). Bisher sind rund 110 Wildarten der Vanille bekannt geworden, die sich über alle tropischen Gebiete der Welt verteilen. Damit sich die Pflanze optimal entfalten kann, braucht sie sowohl hohe Temperaturen wie auch eine hohe Luftfeuchtigkeit.

Die *Vanilla planifolia* ist eine kräftige, krautartige Orchidee, die an Stützbäumen wächst. An ihnen hangelt sie sich an 2 bis 3 mm dünnen Luftwurzeln wie eine Ranke hoch, indem sie ihre Würzelchen um geeignete Äste schlingt oder sie zu kleinen Haken formt. Sie trägt stiellose, eiförmige, bis 25 cm lange, ganzrandige Blätter von leuchtend grüner Farbe und ledrig-sukkulenter Konsistenz. Trotz fehlendem Stiel können sich diese Blätter je nach Strahlungseinfall dem Licht zu- oder abwenden. Dieses Charakteristikum erlaubt es der Pflanze, sich zumindest an zeitweilige Trockenperioden anzupassen.

Mit Hilfe von Luftwurzeln hangelt sich die Vanillepflanze an den Ästen des Wirtsbaumes hoch. Pflanzung bei Ambodiampana (oben).
Die Bestäubung geschieht von Hand. Eine geschickte Arbeiterin schafft in einem Tag mehr als 1000 Blüten (unten).

In Kulturen wird die Vanillepflanze an Holzpfählen mit entsprechend tief wurzelnden Schattenbäumen (Windbrechern) bis etwa zwei Meter hoch gezogen und regelmässig geschnitten, damit sie nicht wuchert. In Madagaskar werden zum Beispiel die Pignon d'Inde und die *Gliricidia* als so genannte Tutorbäume verwendet.

In der Blütezeit, die sich nördlich des Äquators zwischen April und August, südlich des Äquators um ein halbes Jahr versetzt erstreckt, zeigt die *Vanilla planifolia* gelblich grüne bis weisse, angenehm duftende Zwitterblüten. Eines der sechs Blütenblätter ist als Lippe ausgebildet. Die Blüten wachsen einzeln oder in kurzen Trauben aus den Achseln der Blätter. Zur Blütezeit können pro Pflanze gegen 200 Blütenstände gezählt wer-

Die Blüte einer Orchidee: *Vanilla planifolia* (rechts oben).
Junge Vanillepflanze bei Ambodiampana (rechts unten).

den. Dabei öffnet sich aber pro Stand stets nur eine Blüte, und dies jeweils nur für wenige Stunden am frühen Morgen. In dieser kurzen Zeit muss sie bestäubt werden, sonst stirbt sie ab. Und diese Bestäubung ist keineswegs einfach, denn wie bei vielen Orchideenarten ist die Anpassung von Pflanze und bestäubendem Tier so gross, dass die Blüte unfruchtbar bleibt, wenn der richtige Bestäuber fehlt. In der Vanilleblüte ist die Narbe durch ein Häutchen von den Staubgefässen getrennt. Dies verhindert, dass der Blütenstaub von selbst auf die Narbe fallen kann. Sowohl eine Selbst- wie auch eine zufällige Fremdbestäubung sind damit unmöglich, wenn nicht «Spezialisten», nämlich eine in ihrer Urheimat Mexiko lebende Bienenart aus der Familie der Meliponen oder Kolibris den komplizierten Durchgang überwinden. Und fern ihrer ursprünglichen Heimat sind es Menschenhände, die für eine sichere Bestäubung sorgen müssen. Bei optimaler Lage der Pflanzen und deren Blüten und günstigem Terrain vermag eine geschickte Plantagenarbeiterin in mühevoller Kleinarbeit in einem Arbeitstag bis 1500 oder sogar 2000 Blüten zu bestäuben; im oft unwegsam coupierten Gelände auf Madagaskar schafft eine Arbeiterin im Schnitt aber oft nur 700 bis 1000 Blüten.

Nach erfolgter Bestäubung beginnt der unterständige Fruchtknoten zu wachsen und erreicht in etwa 4 Wochen eine Länge von 16 bis 20 cm. Erst danach erfolgt die Befruchtung der wie bei Orchideen oftmals vorhandenen grossen Anzahl von rund 90 000 Samenanlagen. Weitere 6 bis 8 Monate vergehen bis zur Reife der Kapsel – die Fruchtzeit dauert nördlich des Äquators von Dezember bis März, südlich des Äquators ist sie wiederum um ein halbes Jahr versetzt. In der Wand der bohnenförmig biegsamen, 15 bis 30 cm langen und 6 bis 8 mm breiten Kapselfrucht, die am Ende spitz zuläuft, an der Basis hakenartig gekrümmt ist und eine kreisrunde Narbe aufweist, befinden sich die begehrten Samen, deren Würzaromen sich aber erst nach einer Fermentation durch Wärme entfalten.

Das «Vanilleland» zwischen Sambava und Vohémar bei Andalamahitsy (oben).
Wenn sich die Schoten gelb zu verfärben beginnen, ist es höchste Zeit für die Ernte. Sie dürfen auf keinen Fall an den Enden platzen (unten).

Vanillepflanzen mit reifenden Schoten, aufgenommen bei Antalaha; erkennbar sind die beiden Wirtsbäume Pignon d'Inde und *Gliricidia* (links).

Von den zahlreichen Vanillearten werden nur drei für kulinarische (und medizinisch-kosmetische) Zwecke kultiviert:

– *Vanilla planifolia* Andrews

Sie wird auch *Vanilla fragrans* oder Bourbon-Vanille genannt und ist die am weitesten verbreitete Stammpflanze. Ihre Urheimat sind die küstennahen Gebiete Mittelamerikas, vor allem Mexikos, wo sie bis auf einer Höhe von etwa 600 Meter ü. M. wächst. Ihre Früchte sind von einem harmonischen, süss-würzigen Geschmack. Die Bourbon-Vanille gilt in der Welt des kulinarischen Vanillegenusses als Mass aller Dinge.

– *Vanilla pompona* Schiede

Die Guadeloupe- oder Antillenvanille von den Westindischen Inseln wächst bis auf etwa 1000 Meter ü. M. und verfügt über ein eher dunkel-herbes Aroma. Man verwendet ihre Früchte vorwiegend in der Kosmetikindustrie und für Arzneimittel.

– *Vanilla tahitiensis* Moore

Diese auf Tahiti vorkommende Vanilleart besticht durch eine zarte, jedoch ungewöhnlich blumige Geschmackskomponente. Es gibt Köche, die diese Vanilleart ihres Blütengeschmacks wegen der Bourbon-Vanille sogar vorziehen.

Wilde Vanille an der Strasse von Sambava nach Antalaha.

Karamell-Panna-cotta mit Vanilleaprikosen, Rezept Seite 91

Lieblich-süss: Desserts

Konditorcreme

Crème pâtissière

Diese Vanille-Grundcreme ist ein Multitalent: Wird sie nach der Zubereitung kaltgerührt, behält sie ihre cremige Konsistenz und kann mit Rahm verfeinert als Dessert serviert werden. Man kann sie aber auch einfach in einer Schüssel erkalten lassen; dann wird sie fest und muss zur weiteren Verwendung wieder kräftig durchgerührt oder – noch besser – durch ein Sieb gestrichen werden. Sie ist dann streichfähig und kann überall da verwendet werden, wo eine cremige Unterlage oder Füllung verlangt wird. Konditorcreme muss möglichst frisch verwendet werden, sie hält sich auch im Kühlschrank aufbewahrt nicht länger als zwei Tage.

1 Vanilleschote
½ l Milch
125 g Zucker
6 Eigelb
40 g Speisestärke (Maizena)

1 Die Vanilleschote der Länge nach aufschlitzen, mit den herausgekratzten Samen und der Hälfte des Zuckers zur Milch geben. Einmal kurz bis vors Kochen bringen, dann neben der Herdplatte 10 Minuten ziehen lassen.
2 Den restlichen Zucker mit den Eigelben so lange schlagen, bis eine fast weisse, dickliche Creme entstanden ist. Wichtig: Der Zucker muss sich vollständig aufgelöst haben. Die Speisestärke dazusieben und gut darunter mischen.
3 Die Vanilleschote aus der Milch entfernen und diese nochmals aufkochen. Unter Rühren kochend heiss zur Eicreme giessen. Alles in den Topf zurückgeben und die Creme unter ständigem Rühren aufkochen, bis sie bindet. Sofort in eine Schüssel umgiessen und direkt auf die Oberfläche eine Klarsichtfolie legen, damit sich beim Abkühlen keine Haut bildet. Bis zur Verwendung kalt stellen.

Spezialitäten mit Konditorcreme

Vanille-Profiteroles

Je nach Grösse und Form trägt das mit einer Füllcreme versehene Brandteiggebäck einen anderen Namen: Ofenküchlein, Choux oder Windbeutel nennt man die knapp tennisballgrosse Variante; als kleine Kugeln werden sie zu Profiteroles, in länglicher Form zu Eclairs und zu einem Kranz geformt zum Paris-Brest.

Für 6–8 Personen

Brandteig:
200 ml Wasser
¼ Teelöffel Salz
50 g Butter
125 g Mehl
3 Eier

Füllcreme:
½ Vanilleschote
¼ l Rahm
⅓ Portion Konditorcreme (Grundrezept links)

1 Das Wasser mit dem Salz und der Butter aufkochen. Das Mehl im Sturz, das heisst auf einmal unter kräftigem Rühren hineingeben. Den Teig so lange weiterschlagen, bis er glatt ist und sich als Kloss vom Topf löst. Den Topf vom Feuer nehmen.
2 Ein Ei nach dem andern unter den Teig arbeiten. Dazu kann auch das Handrührgerät verwendet werden.
3 Den Backofen auf 200 Grad vorheizen.
4 Ein grosses Blech mit Backpapier belegen. Den Brandteig in einen Spritzsack mit gezackter Tülle (etwa Nr. 12) füllen und beliebige Formen auf das Blech spritzen. Man kann den Teig auch mit Hilfe von zwei Löffeln abstechen und als kleine Häufchen auf das Blech setzen. Wichtig: Beim Backen verdoppelt oder verdreifacht sich sein Volumen, deshalb genügend Abstand zwischen den einzelnen Stücken lassen.
5 Die Profiteroles im 200 Grad heissen Ofen auf der zweituntersten Rille je nach Grösse 12–15 Minuten hellbraun backen. Vom Blech nehmen und auf einem Kuchengitter auskühlen lassen.
6 Die Samen aus der Vanilleschote kratzen, zum Rahm geben und diesen steif schlagen.
7 Die Konditorcreme durch ein Sieb streichen und glatt

rühren. Den Rahm darunter ziehen. Die Creme in einen Spritzsack mit gezackter Tülle füllen.

8 Die Profiteroles mit einer Schere aufschneiden und Füllcreme hineinspritzen. Auf einer Platte anrichten.

Tipp: Die Profiteroles mit heisser Schokoladensauce übergiessen.

Apfel-Mille-feuilles

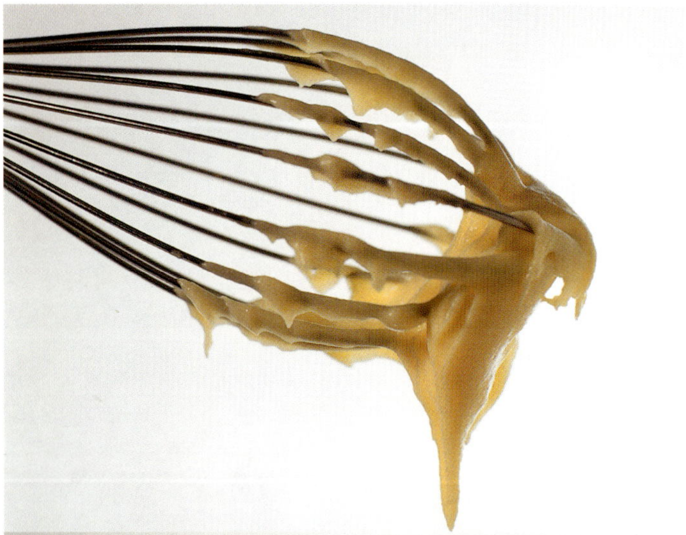

Apfel-Mille-feuilles

Eine besonders leichte Variante der Konditorcreme ist die Füllcreme mit Eischnee. Dazu wird unter die noch heisse Creme mit Zucker steif geschlagener Eischnee gerührt. Eine ideale Füllung für Cremeschnitten oder andere luftige Desserts, die jedoch sofort frisch gegessen werden müssen, denn die Creme behält nur etwa 4–5 Stunden lang ihre Luftigkeit.

Ergibt 8 Stück

Mille-feuilles:
400 g Blätterteig
2 Esslöffel Zucker

Apfelkompott:
300 g säuerliche Äpfel
abgeriebene Schale und Saft von 1 Zitrone
50 g Zucker

Füllcreme:
1 Vanilleschote
175 g Zucker
1/2 l Milch
6 Eigelb
40 g Speisestärke (Maizena)
3 Eiweiss

etwas Puderzucker zum Bestäuben

1 Den Backofen auf 220 Grad vorheizen.

2 Den Blätterteig auf der bemehlten Arbeitsfläche rechteckig etwa 30 x 40 cm und 3 mm dick auswallen. In 3 gleichmässig breite Bahnen von 10 cm Breite schneiden. Auf ein mit Backpapier belegtes Blech geben und mit einer Gabel regelmässig einstechen. Die Teigbahnen mit dem Zucker bestreuen. Mindestens 30 Minuten kühl stellen.

3 Die Blätterteigstreifen im 220 Grad heissen Ofen auf der zweituntersten Rille 5 Minuten backen. Dann die Hitze auf 180 Grad reduzieren und 15–20 Minuten fertig backen. Auskühlen lassen.

4 Inzwischen die Äpfel schälen, entkernen und klein würfeln. Mit Zitronenschale und -saft sowie Zucker in eine weite Pfanne geben und zugedeckt etwa 5 Minuten knapp weich dünsten. Auskühlen lassen.

5 Für die Füllcreme die Vanilleschote der Länge nach aufschlitzen, zusammen mit den herausgekratzten Samen, einem Drittel des Zuckers (ca. 60 g) und der Milch in einen Topf geben. Einmal kurz vors Kochen bringen, dann neben der Herdplatte 10 Minuten ziehen lassen.

6 Ein weiteres Drittel Zucker (ca. 60 g) mit den Eigelben so lange schlagen, bis eine fast weisse, dickliche Creme entstanden ist. Die Speisestärke dazusieben und gut darunter mischen.

7 Die Eiweisse schaumig aufschlagen. Den restlichen Zucker unter Weiterschlagen löffelweise einrieseln lassen und alles zu einer glänzenden schneeweissen Masse aufschlagen.

8 Die Vanilleschote aus der Milch entfernen und diese nochmals aufkochen lassen. Unter Rühren kochend heiss zur Eicreme giessen. Alles in den Topf zurückgeben und die Creme unter ständigem Rühren aufkochen, bis sie bindet.

9 Den Eischnee darunter rühren und die Creme einige Male aufwallen lassen; erst dadurch erhält sie ihre Festigkeit. Sofort in eine Schüssel umgiessen und in ein Eiswasserbad stellen. Abkühlen lassen, dabei zwei- bis dreimal sorgfältig umrühren.

10 Einen Teigstreifen mit der Hälfte der Creme bestreichen und mit Apfelwürfelchen belegen. Den zweiten Teigstreifen darauf legen, leicht andrücken und mit der restlichen Creme sowie den restlichen Apfelwürfelchen belegen. Mit dem letzten Teigstreifen bedecken. Etwa 1 Stunde kalt stellen.

11 Zum Servieren die Apfel-Mille-feuilles mit einem Wellenmesser in 8 gleichmässige Stücke schneiden. Mit Puderzucker bestäuben.

Crème anglaise

Klassische Vanillecreme

Die »Englische Creme« ist in der Konsistenz nicht so dick wie die Konditorcreme, sondern cremig flüssig. Ihre leichte Bindung erhält sie durch das Eigelb. Sie wird oft als Vanillesauce verwendet und ist die Grundcreme für Flans, Puddinge und Cremeeis. Oft wird sie dafür mit Gelatine verfestigt.
Bild Seite 62.

1–2 Vanilleschoten
250 g Zucker
1 l Milch
12 Eigelb

1 Die Vanilleschoten der Länge nach aufschlitzen, zusammen mit den herausgekratzten Samen, der Hälfte des Zuckers und der Milch in einen Topf geben. Einmal kurz vors Kochen bringen, dann neben der Herdplatte 10 Minuten ziehen lassen.

2 Den restlichen Zucker mit den Eigelben so lange schlagen, bis eine fast weisse, dickliche Creme entstanden ist. Wichtig: Der Zucker muss sich vollständig aufgelöst haben.

3 Die Vanilleschote aus der Milch entfernen und diese aufkochen lassen. Unter Rühren zur Eicreme giessen. In den Topf zurückgeben und unter Weiterrühren langsam kurz vors Kochen bringen, bis die Creme zu binden beginnt; nicht kochen lassen, sonst gerinnt das Eigelb! Die Creme sofort durch ein feines Sieb in eine Schüssel umgiessen. Direkt auf die Oberfläche eine Klarsichtfolie legen, damit sich beim Abkühlen keine Haut bilden kann. Bis zum Servieren kalt stellen.

Tipp: Die Creme nach Belieben mit steif geschlagenem Rahm verfeinern. Wer eine etwas weniger reichhaltige Creme wünscht, reduziert die Eigelbmenge; damit die Creme jedoch wenigstens leicht bindet, sind mindestens 8 Eigelb nötig.

Spezialitäten mit Crème anglaise

Beerentraum

Dieses unkomplizierte Dessert kann nicht nur mit frischen Beeren zubereitet werden, sondern auch mit tiefgekühlten oder Kompottfrüchten (z.B. Aprikosen, Pfirische, Kirschen). Nach Belieben die Creme mit etwas Rahm verfeinern.

Für 6–8 Personen

750 g Beeren, nach Belieben gemischt
2–3 Esslöffel Zucker
1 Päckchen Bourbon-Vanillezucker
½ Portion Crème anglaise (Grundrezept Seite 61)

1 Die Beeren verlesen, nur kurz mit kaltem Wasser überbrausen und sehr gut abtropfen lassen. Falls Erdbeeren verwendet werden, diese rüsten und in Scheiben schneiden. Sorgfältig mit dem Zucker und dem Vanillezucker mischen und kurz ziehen lassen.
2 Kurz vor dem Servieren die Beeren lagenweise mit der Creme in Dessertschalen oder -gläser füllen.

Beerentraum (oben)
Pfirsichcreme (unten)

Pfirsichcreme

Für 4–6 Personen

4 weisse oder gelbe Pfirsiche
¼ l Weisswein
2 gehäufte Esslöffel Zucker
½ Vanilleschote
⅛ l Rahm
½ Portion Crème anglaise (Grundrezept Seite 61)

1 Reichlich Wasser aufkochen. Die Pfirsiche hineingeben und je nach Reifegrad ½–1 Minute blanchieren. Abschütten und unter kaltem Wasser abschrecken. Die Pfirsiche schälen, halbieren, den Stein entfernen und das Fruchtfleisch in Schnitze schneiden.
2 Weisswein, Zucker und die längs aufgeschlitzte Vanilleschote in eine Pfanne geben. Aufkochen, 1 Minute kochen lassen.
3 Die Pfirsichschnitze beifügen und zugedeckt auf kleinem Feuer knapp weich garen. Mit einer Schaumkelle herausheben und in eine Schüssel geben.

Crème anglaise, Rezept Seite 61

4 Den Sud auf grossem Feuer um zwei Drittel einkochen lassen. Über die Pfirsichschnitze träufeln. Auskühlen lassen.
5 Die Hälfte der Pfirsichschnitze mitsamt der Flüssigkeit pürieren. Den Rahm steif schlagen. Das Pfirsichpüree und den Rahm unter die Vanillecreme rühren. Mit den restlichen Pfirsichschnitzen garnieren.

Gebackene Feigen mit Vanillecreme

Einfach, aber ausserordentlich gut: Frische Feigen werden in einer Vanille-Orangen-Butter im Ofen gebacken und auf Vanillecreme serviert. Auf die gleiche Weise kann man auch gehäutete und in dicke Schnitze geschnittene Pfirsiche oder Nektarinen zubereiten.

Für 4–5 Personen

8–10 frische Feigen
1–1 1/2 Orangen, je nach Saftanteil
2 Esslöffel Butter
3 Esslöffel hausgemachter Vanillezucker (siehe Seite 101)
oder
1 Päckchen Bourbon-Vanillezucker und 2 Esslöffel Kristallzucker
2 Kardamomschoten
1/2 Portion Crème anglaise (Grundrezept Seite 61)

1 Die Feigen sorgfältig in Vierteln tief einschneiden, jedoch nicht ganz durchschneiden. Zu Blumenform auseinander drücken. In eine Gratinform setzen.
2 Mit einem Zestenmesser die Orangenschale dünn ablösen oder die Schale von 1/2 Orange dünn abschneiden und in hauchfeine Streifchen schneiden. Den Saft auspressen (es braucht mindestens 100 ml Saft).
3 Den Backofen auf 200 Grad vorheizen.
4 Die Butter schmelzen. Den Vanillezucker (oder Bourbon- und Kristallzucker) beifügen und ganz kurz dünsten. Orangenschale und -saft sowie die geöffneten Kardamomschoten dazugeben und aufkochen. Über die Feigen träufeln.
5 Die Feigen im 200 Grad heissen Ofen auf der zweituntersten Rille 15–20 Minuten backen; sie sollen weich sein und leicht zu karamellisieren beginnen.
6 Zum Servieren etwas Vanillecreme in tiefe Teller geben und die noch leicht warmen Feigen darauf setzen.

Crème brûlée

Karamellisierter Vanilleflan

Für diese Variante der Crème caramel wird der Zucker nicht vor der Zubereitung des Puddings karamellisiert, sondern erst unmittelbar vor dem Servieren über den Vanilleflan gestreut und unter dem Grill kurz überbacken. In Spanien, wo das Dessert als Crema catalana berühmt wurde, verwendet man zum Karamellisieren ein spezielles Eisen, das glühend erhitzt und auf den Zucker gedrückt wird.
Bild Seite 66.

Für 6 Portionen

1 Vanilleschote
300 ml Milch
200 ml Voll- oder Doppelrahm
100 g Zucker
2 Eier
4 Eigelb
100 g brauner Zucker

1 Die Vanilleschote der Länge nach halbieren, zusammen mit den herausgekratzten Samen und der Milch in einen Topf geben. Aufkochen, dann den Rahm dazurühren und den Topf vom Feuer nehmen. 10 Minuten ziehen lassen, damit die Vanille ihr Aroma entfalten kann.
2 Den Zucker mit den Eiern und den Eigelben verrühren, jedoch nicht schaumig schlagen, sonst fällt die Masse beim Garen stark zusammen.
3 Den Backofen auf 180 Grad vorheizen.
4 Die Vanillemilch nochmals vors Kochen bringen. Die Vanilleschote entfernen und die Milch unter Rühren langsam zur Eimasse giessen. In 6 Souffléförmchen oder feuerfeste Puddingförmchen füllen. Die Formen mit Alufolie verschliessen. In eine Gratinform stellen und so viel kochendes Wasser dazugiessen, dass sie etwa zur Hälfte im Wasserbad stehen.
5 Die Vanilleflans im 180 Grad heissen Ofen auf der zweituntersten Rille 30–40 Minuten gar ziehen lassen; sie sollen dabei stichfest werden. Aus dem Ofen nehmen und erkalten lassen. Bis zum Servieren kühl stellen.
6 Unmittelbar vor dem Servieren die Flans in den Förmchen mit dem braunen Zucker bestreuen. Sofort im oberen Drittel des Ofens unter dem auf 250 Grad vorgeheizten Grill nur so lange überbacken, bis der Zucker geschmolzen ist und braune Blasen wirft. Die Flans sofort servieren.

Crème brûlée (oben), Rezept Seite 64
Kaiserinnenreis (rechts), Rezept Seite 68

Kaiserinnenreis

Dieser zarte Reispudding stammt ursprünglich aus der kaiserlichen Hofküche der Donaumonarchie, daher auch sein Name. Im Originalrezept enthält er zusätzlich noch kandierte Früchte, was ihn aber wesentlich süsser und schwerer macht.
Bild Seite 67.

Für 8 Portionen

1 Vanilleschote
50 g Zucker
600 ml Milch
150 g Rundkornreis
2 Eigelb
50 g Zucker
200 ml Milch
4 Blatt Gelatine
200 ml Rahm

1 Die Vanilleschote der Länge nach aufschlitzen, mit den herausgekratzten Samen und dem Zucker zu den 600 ml Milch in eine Pfanne (Topf) geben. Unter Rühren aufkochen.
2 Den Reis in die Milch einrieseln lassen. Auf kleinem Feuer unter häufigem Umrühren – Milchreis brennt gerne an – 30 Minuten weich kochen. Die Vanilleschote entfernen und den Reis beiseite stellen.
3 Die Eigelbe mit dem Zucker (50 g) zu einer hellen, dicklichen Creme aufschlagen.
4 Die 200 ml Milch aufkochen. Unter Rühren zur Eicreme giessen. In den Topf zurückgeben und unter Rühren nochmals kurz vors Kochen bringen. Sofort vom Feuer ziehen und durch ein Sieb in eine Schüssel umgiessen.
5 Die Gelatine in reichlich kaltem Wasser einweichen. Sobald sie zusammengefallen ist, ausdrücken und in der noch heissen Eicreme unter Rühren auflösen. Die Creme mit dem gekochten Reis mischen. Unter gelegentlichem Umrühren auskühlen lassen.
6 Sobald die Masse dem Rand entlang zu gelieren beginnt, den Rahm steif schlagen und unter die Reismasse ziehen. Diese in eine kalt ausgepülte Puddingform füllen und mindestens 3 Stunden kühl stellen.
7 Zum Servieren die Form kurz in heisses Wasser stellen und den Pudding dem Rand entlang mit einem Messer lösen. Auf eine Platte stürzen. Nach Belieben mit einem Fruchtkompott oder einer Fruchtsauce servieren.

Vanillecremetöpfchen

Diese zartschmelzende, puddingartige Cremespezialität ist nicht fest genug, um gestürzt zu werden, sie wird im Töpfchen serviert. Nach Belieben kann man sie mit einem Fruchtkompott, marinierten Beeren oder Schlagrahm garnieren.

Für 7–8 Portionen

1 Vanilleschote
$^3/_8$ l Milch
$^1/_8$ l Rahm
5 Eigelb
80 g Puderzucker

1 Die Vanilleschote der Länge nach aufschlitzen, mit den herausgekratzten Samen, der Milch und dem Rahm in eine Pfanne (Topf) geben. Aufkochen, vom Herd nehmen und 10–15 Minuten ziehen lassen.
2 Inzwischen die Eigelbe mit dem Puderzucker gut verrühren, jedoch auf keinen Fall schaumig oder gar cremig schlagen.
3 Die Vanilleschote entfernen. Die Milch-Rahm-Mischung nochmals aufkochen und unter Rühren langsam zu den Eigelben giessen. Damit die Creme völlig glatt wird, den Schaum mit einem Löffel von der Oberfläche abheben.
4 Den Backofen auf 150 Grad vorheizen. Reichlich Wasser aufkochen. Eine feuerfeste Fom mit einem mehrfach gefalteten Küchentuch auslegen.
5 Die Vanillecreme in 7–8 Espressotassen oder Portionen-Souffléförmchen füllen. In die vorbereitete Form auf das Tuch stellen und so viel kochendes Wasser dazugiessen, dass die Tassen oder Förmchen gut zur Hälfte im Wasserbad stehen. Die Tassen oder Förmchen mit einem grossen Stück Alufolie bedecken, damit sich während des Garens keine zähe Haut bildet.
6 Die Cremetöpfchen im vorgeheizten Ofen 30–35 Minuten garen. Herausnehmen und vollständig auskühlen lassen. Die Cremetöpfchen werden nicht gestürzt, sondern in der Form serviert.

Tipp: Die Creme schmeckt auch sehr gut mit Schokolade aromatisiert. Dazu löst man 50 g Bitterschokolade und 1 gestrichenen Teelöffel Instant-Kaffee in der heissen Vanillemilch auf.

Vanillecreme mit Schneeballeiern

Wie kleine Schneebälle sehen die zarten Klösschen aus pochiertem Eischnee aus, die auf einer Vanillecreme «schwimmen». Als «Iles flottantes» – schwimmende Inseln – zählen sie zu den grossen französischen Dessertklassikern. Die Vanillecreme, die diese Spezialität begleitet, sollte eher dünnflüssig sein, damit sie die luftigen Eiweissklösschen nicht erdrückt.

Für 6–8 Personen

1 Vanilleschote
½ l Milch
6 Eiweiss
4 Esslöffel Puderzucker
1 Päckchen Bourbon-Vanillezucker
6 Eigelb
100 g Zucker
2 Esslöffel Speisestärke (Maizena)
4 Esslöffel kalte Milch

1 Die Vanilleschote der Länge nach aufschlitzen, mit den herausgekratzten Samen und der Milch in einen Topf geben. Langsam aufkochen.
2 Die Eiweisse sehr schaumig schlagen. Dann löffelweise nach und nach den Puderzucker einrieseln lassen und so lange weiterschlagen, bis eine schneeweisse, glänzende Masse entstanden ist. Zuletzt den Vanillezucker darunter rühren.
3 Mit zwei Löffeln eigrosse Bällchen vom Eischnee abstechen, zwischendurch die Löffel immer wieder in heisses Wasser tauchen. Die Bällchen portionenweise in die leicht kochende Vanillemilch setzen. Sie dürfen sich dabei nicht berühren, also immer nur einige wenige Bälle gleichzeitig hineingeben. Ein- bis zweimal wenden und nach 5–6 Minuten herausheben. Auf einem Küchentuch abtropfen lassen. Dann in eine weite, nicht zu tiefe Schüssel setzen.
4 Sind alle Eischneebällchen pochiert, die Milch durch ein feines Sieb giessen, um allfällige Eischneereste und die Vanilleschote zu entfernen. Die Milch wenn nötig wieder auf ½ l ergänzen. In den Topf zurückgeben und nochmals aufkochen.
5 Gleichzeitig die Eigelbe mit dem Zucker zu einer hellen, dicklichen Creme aufschlagen. Die Speisestärke mit der kalten Milch verrühren. Unter die Eicreme schlagen.
6 Die kochende Milch unter Rühren zur Eicreme giessen. Alles in den Topf zurückgeben und unter Rühren kurz vors Kochen

Vanillecremetöpfchen (oben)
Vanillecreme mit Schneeballeiern (unten)

bringen, bis die Creme leicht zu binden beginnt. Vorsicht: Zu grosse Hitze lässt das Eigelb gerinnen! Sofort durch ein Sieb in eine Schüssel umgiessen, damit die Creme nicht ausflockt. Eine Klarsichtfolie direkt auf die Oberfläche der Creme legen, damit sich beim Abkühlen keine Haut bilden kann.

7 Die erkaltete Creme sorgfältig dem Rand der Schüssel entlang zu den Eischneebällchen giessen; diese dürfen dabei nicht übergossen werden, sondern sollen auf der Creme schwimmen. Bis zum Servieren kühl stellen.

Tipp: Man kann die Eischneebällchen auch im Mikrowellengerät garen: Vom steif geschlagenen Eiweiss nicht zu kleine Bällchen abstechen, auf einen Teller setzen und bei halber Geräteleistung 1 1/2–2 Minuten garen.

Vanilleeis

Sparen Sie nicht an Vanilleschoten, wenn Sie dieses zartschmelzende Eis zubereiten – nur so erhält es seinen intensiven Vanilleduft und sein verführerisches Aroma! Auch hier lässt sich die Vanille-Grundcreme mit beliebigen Aromen und Fruchtmassen variieren. Allerdings: Kommen andere Aromen ins Spiel, braucht es nur noch 1 Vanilleschote auf die rezeptierten Zutatenmengen.

Ergibt etwa 1 Liter

4 Vanilleschoten
1/2 l Milch
1 Kaffeebohne
6 Eigelb
150 g Zucker
1/4 l Doppelrahm

1 Die Vanilleschoten der Länge nach aufschlitzen und die Samen mit Hilfe eines spitzen Messer sorgfältig herauskratzen. In eine Schüssel geben und beiseite stellen.

2 Die Vanilleschoten mit der Milch und der Kaffebohne in eine Pfanne (Topf) geben und aufkochen. Vom Feuer nehmen und 15 Minuten ziehen lassen.

3 Die Eigelbe mit dem Zucker zu einer hellen, dicklichen Creme aufschlagen.

4 Die Vanillemilch nochmals aufkochen. Die Schoten entfernen. Die kochend heisse Milch unter Rühren zur Eicreme giessen. In den Topf zurückgeben und unter Rühren kurz vors Kochen bringen, bis die Creme zu binden beginnt. Sie darf jedoch auf keinen Fall kochen, sonst gerinnt das Eigelb. Sofort durch ein Sieb in die Schüssel mit den Vanillesamen giessen. Den Doppelrahm darunter rühren. Die Creme auskühlen lassen.

5 Die Creme in eine Glacemaschine oder einen tiefkühlfesten Behälter füllen und gefrieren lassen. Wird das Eis nicht in der Maschine gefroren, empfiehlt es sich, es während des Gefrierprozesses mit einem Stabmixer zwei- bis dreimal gründlich durchzurühren.

Tipp: Nach Belieben das Vanilleis (wie auf dem Bild) auf einem Rhabarberkompott anrichten: Dazu 500 g Rhabarber rüsten und würfeln. 100 ml fruchtigen Weisswein mit 1 Päckchen Bourbon-Vanillezucker sowie 75–100 g Zucker (je nach Säuregehalt des Rhabarbers) 3–4 Minuten kochen lassen. Den Rhabarber beifügen und zugedeckt 3–5 Minuten knapp weich garen. Auskühlen lassen.

Stracciatellaeis

Kleinste Schokoladewürfelchen bilden einen raffinierten Kontrast zum zart-schmelzenden Vanillerahmeis – eine der bekanntesten italienischen Eisspezialitäten! Raffiniert zum Stracciatellaeis ist eine Himbeersauce oder ein Kirschenkompott.

Für 6–8 Portionen

1 Vanilleschote
1/4 l Rahm
5 Eigelb
100 g Zucker
250 g Mascarpone
100 g dunkle Schokolade

1 Die Vanilleschote der Länge nach aufschlitzen, zusammen mit den herausgekratzten Samen und 150 ml Rahm in eine Pfanne (Topf) geben. Aufkochen und neben der Herdplatte 10 Minuten ziehen lassen.
2 Inzwischen die Eigelbe mit dem Zucker zu einer hellen, dicklichen Creme aufschlagen.
3 Den Vanillerahm nochmals aufkochen. Die Schote entfernen. Den kochend heissen Rahm unter die Eicreme rühren. Abkühlen lassen.
4 Den restlichen Rahm (100 ml) steif schlagen.
5 Zuerst den Mascarpone, dann den Rahm mit dem Schwingbesen unter die Creme rühren; nicht mit dem Handrührgerät arbeiten, sonst kann die Masse ausflocken.
6 Die Schokolade grob zerbröckeln, dann fein hacken. Unter die Creme ziehen. In eine mit Klarsichtfolie ausgelegte Cakeform oder Portionenförmchen füllen und mindestens 4 Stunden gefrieren lassen. Nach Belieben zum Servieren mit Schokoladespänen garnieren.

Flambiertes Vanilleeis

Ein spektakuläres Dessert auch fürs Auge: Vanilleeis wird lagenweise mit parfümierter Aprikosenkonfitüre in eine Form gefüllt, nochmals durchgefroren, dann gestürzt und mit erwärmtem Rum flambiert. Nach Möglichkeit weissen Rum verwenden, der ein weniger dominantes Eigenaroma hat als sein brauner Bruder.
Bild Seite 74.

Für 5–6 Portionen

1 l Vanilleeis (Grundrezept Seite 70)
250 g Aprikosenkonfitüre
3–4 Esslöffel Grand Marnier
100 ml weisser Rum

1 Das Eis so lange in den Kühlschrank stellen, bis es cremig weich, jedoch noch nicht angeschmolzen ist.
2 Inzwischen die Aprikosenkonfitüre mit dem Grand Marnier verrühren.
3 Eine kleine Schüssel oder Souffléform mit Klarsichtfolie auslegen. Die Hälfte des weichen Eises in die Form streichen. Die Konfitüre darauf verteilen. Mit dem restlichen Eis bedecken. Die Form sofort in den auf höchste Kältestufe gestellten Tiefkühler geben und das Eis wieder durchfrieren lassen.
4 Unmittelbar vor dem Servieren den Rum in einem Pfännchen auf etwa 40 Grad erwärmen. Das Eis auf eine Platte stürzen und die Folie entfernen. Den Rum darüber giessen und sofort anzünden. Brennend zu Tisch bringen.

Flambiertes Vanilleeis (links), Rezept Seite 72

Schokolade-Vanille-Bavaroise (oben), Rezept Seite 76

Schokolade-Vanille-Bavaroise

Die Crème bavaroise oder Bayerische Creme wird manchmal auch Rahmsulz genannt, was sich auf ihre zarte Konsistenz bezieht. Zu verdanken haben wir diese zu den Dessertklassikern zählende Spezialität der bayerischen Prinzessin Isabeau Bavière, die die Creme bei festlichen Anlässen zubereiten liess und sie mit einer süssen Sauce servierte.
Als Urform der Bavaroise gilt die Variante mit Vanille, doch kann man sie mit unzähligen Zutaten aromatisieren, so zum Beispiel mit Schokolade, Kaffee, Nüssen und den meisten Früchten. Optisch und geschmacklich besonders attraktiv kommt sie daher, wenn man verschiedene Geschmacksrichtungen in Schichten in eine Form füllt, wie zum Beispiel hier eine Vanille- und eine Schokoladecreme.
Bild Seite 75.

Für 6 Portionen

1 Vanilleschote
300 ml Milch
4 Blatt Gelatine
4 Eigelb
100 g Zucker
80 g Edelbitterschokolade
300 ml Rahm
1 Päckchen Bourbon-Vanillezucker

1 Die Vanilleschote der Länge nach aufschlitzen, mit den herausgekratzten Samen und der Milch in eine Pfanne (Topf) geben und unter Rühren aufkochen. Vom Feuer nehmen und 10–15 Minuten ziehen lassen.
2 Die Gelatine in reichlich kaltem Wasser einweichen.
3 Die Eigelbe mit dem Zucker zu einer hellen, dicklichen Creme aufschlagen.
4 Die Milch nochmals aufkochen und unter Rühren zur Eicreme giessen. In den Topf zurückgeben und unter Rühren nochmals kurz vors Kochen bringen, bis die Creme leicht bindet; nicht kochen, sonst gerinnt das Eigelb. Sofort durch ein Sieb in eine Schüssel umgiessen.
5 Die Gelatine ausdrücken und in der noch heissen Creme auflösen. Die Creme so lange kühl stellen, bis sie dem Rand entlang leicht zu gelieren beginnt.
6 Inzwischen eine beschichtete Cake- oder eine Terrinenform mit Klarsichtfolie auslegen; am besten geht dies, wenn man die Folie mit Wasser benetzt.
7 Die Schokolade grob hacken und in einem Pfännchen auf allerkleinstem Feuer schmelzen lassen.
8 Den Rahm mit dem Vanillezucker steif schlagen.
9 Die geschmolzene Schokolade glatt rühren. Dann zuerst ein Drittel der ausgekühlten Vanillecreme, anschliessend ein Drittel des Rahms darunter mischen.
10 Den restlichen Rahm unter die Vanillecreme rühren. Ein Drittel der Creme in die vorbereitete Form füllen. Die Schokoladecreme darüber geben und mit Vanillecreme bedecken. Eine Gabel einmal spiralförmig durch die Masse ziehen, damit ein Marmoreffekt entsteht. Die Bavaroise mindestens 3 Stunden kühl stellen.
11 Zum Servieren die Bavaroise aus der Form stürzen und in Scheiben schneiden. Nach Belieben mit Saisonfrüchten und/oder Schokoladelocken garnieren.

Vanillemousse mit Zitrusfrüchten

Luftig-leicht schmeckt diese Mousse, die sich nicht nur mit einem Zitrusfrüchtekompott kombinieren lässt, sondern auch in Begleitung von in Rotweinsirup pochierten Pfirsichschnitzen oder Pflaumenhälften oder mit einer Erdbeer-, Himbeer- oder Passionsfruchtsauce ein attraktives Dessert ergibt. Wichtig ist, dass man die Mousse genügend lange kühl stellt, sonst ist sie fast zu weich zum Abstechen, da für die Zubereitung nur wenig Gelatine verwendet wird.

Für 8 Portionen

Mousse:
1 Vanilleschote
1/4 l Milch
4 Eigelb
80 g hausgemachter Vanillezucker (siehe Seite 101) oder
70 g Kristallzucker und 1 Päckchen Bourbon-Vanillezucker
4 Blatt Gelatine
1/4 l Rahm

Kompott:
2 Orangen
3 weisse Grapefruits
3 rosa Grapefruits
Saft von 1/2 Zitrone oder Limone
80 g Zucker

1 Die Vanilleschote der Länge nach aufschlitzen, mit den herausgekratzten Samen und der Milch in eine Pfanne (Topf) geben. Einmal aufkochen, vom Feuer nehmen und 10–15 Minuten ziehen lassen.

2 Die Eigelbe mit dem Vanillezucker (oder Kristall- und Bourbon-Vanillezucker) zu einer hellen, dicklichen Creme aufschlagen.

3 Die Gelatine in reichlich kaltem Wasser einweichen.

4 Die Milch nochmals aufkochen. Die Vanilleschote entfernen. Die Milch kochend heiss unter Rühren zur Eicreme giessen. In die Pfanne (Topf) zurückgeben. Bei mittlerer Hitze unter ständigem Schlagen kurz vors Kochen bringen; die Creme soll leicht binden. Sofort durch ein Sieb in eine Schüssel umgiessen. Die Gelatine ausdrücken und in der noch heissen Creme unter Rühren auflösen. Erkalten lassen.

5 Sobald die Creme dem Rand entlang zu gelieren beginnt, den Rahm steif schlagen und darunter ziehen. Die Mousse mindestens 4 Stunden kalt stellen.

6 Für das Kompott die Orangen und Grapefruits mit einem scharfen Messer mitsamt der weissen Haut bis auf das Fruchtfleisch schälen. Die Schnitze aus den Trennhäuten schneiden; dabei über einer Schüssel arbeiten, um den Saft aufzufangen. Die Fruchthälften mit dem verbliebenen Fruchtfleisch gut ausdrücken und zum aufgefangenen Saft geben. Die Schnitze in eine Schüssel geben.

7 Den aufgefangenen Saft mit dem Zitronen- oder Limonensaft und dem Zucker in eine Pfanne geben. Leicht sirupartig einkochen lassen. Über die Zitrusfrüchte träufeln.

8 Zum Servieren die Mousse in Nocken abstechen und auf Teller setzen. Das Zitrusfrüchtekompott dazu anrichten. Nach Belieben mit Pfefferminz- oder Zitronenmelissenblättchen garnieren. Auch gehackte grüne Pistazienkerne ergeben einen dekorativen Farbeffekt.

Marmorierte Vanillemousse

Säuerlich-erfrischendes Tamarillopüree wird mit einer Gabel sorgfältig spiralförmig unter eine leichte Vanillemousse gezogen – ein Dessert, das nicht nur köstlich schmeckt, sondern auch überaus dekorativ aussieht! Tamarillos passen mit ihrem säuerlichen, leicht tomatenähnlichen Geschmack besonders gut zum süssen Vanillearoma. Nicht nur ihrer Form und der Familienzugehörigkeit zu den Nachschattengewächsen wegen werden diese Exoten auch Baumtomaten genannt. Sie sind als rote und gelbe Früchte im Handel erhältlich. Optimal reif sind sie, wenn ihre Schale ganz leicht runzelig ist und die Früchte sich wie vollreife Tomaten anfühlen. Tamarillos schmecken besser ohne die bittere Schale: Man taucht sie wie Tomaten kurz in kochendes Wasser und häutet sie dann. Anstelle von Tamarillos kann man selbstverständlich auch andere säuerliche Früchte für das Püree verwenden. Gut passen zum Beispiel Erdbeeren, Himbeeren, Nektarinen, Pflaumen oder Zwetschgen.

Für 5–6 Portionen

1 Vanilleschote
200 ml Milch
200 ml Rahm
4 Blatt Gelatine
3 Eigelb
150 g Zucker
1 Päckchen Bourbon-Vanillezucker
2 Tamarillos
3 Eiweiss

1 Die Vanilleschote der Länge nach aufschlitzen, mit den herausgekratzten Samen, der Milch und dem Rahm in eine Pfanne (Topf) geben. Unter Rühren aufkochen. Vom Feuer nehmen und 10–15 Minuten ziehen lassen.

2 Die Gelatine in reichlich kaltem Wasser einweichen.

3 Die Eigelbe mit Zucker und Vanillezucker zu einer hellen, dicklichen Creme aufschlagen.

4 Die Milch-Rahm-Mischung nochmals aufkochen, dann die Vanilleschote entfernen. Kochend heiss unter die Eicreme rühren. In die Pfanne (den Topf) zurückgeben und unter Rühren kurz vors Kochen bringen, bis die Creme zu binden beginnt. Sie darf jedoch auf keinen Fall kochen, sonst gerinnt das Eigelb. Sofort durch ein Sieb in eine Schüssel umgiessen.

5 Die Gelatine ausdrücken und unter Rühren in der noch heissen Creme auflösen. Etwas abkühlen lassen.

6 Die Tamarillos kurz in kochendes Wasser tauchen, kalt abschrecken und schälen. Das Fruchtfleisch fein pürieren und durch ein Sieb streichen. Mit einem Drittel der Eicreme verrühren. Die Frucht- und die Vanillecreme kühl stellen, bis sie dem Rand entlang zu gelieren beginnen.

7 Die Eiweisse steif schlagen und unter die Vanillecreme ziehen.

8 Zuerst die Frucht-, dann die Vanillecreme in Dessertgläser oder in eine Glasschüssel füllen und eine Gabel spiralförmig durchziehen, so dass eine dekorative Marmorierung entsteht. Nochmals mindestens 2 Stunden kühl stellen.

Vanilleparfait mit Passionsfruchtsauce (links), Rezept Seite 82
Marmorierte Vanillemousse (rechts)

VANILLE
Sté TSARAHANDRO
PRODUITS

Die wichtigsten Handelssorten der Vanille

Bourbon-Vanille Die Vanille aus Madagaskar, von La Réunion, den Komoren, Seychellen und Mauritius hat einen intensiven, harmonischen und sehr ausgewogenen Geschmack. Die Bourbon-Vanille ist die am meisten gehandelte Sorte; sie besitzt bis zu 20 cm lange Früchte, die oft mit auskristallisiertem Vanillin überzogen sind. Sie wird von allen Vanillesorten am höchsten bewertet.

Mexikanische Vanille Die Vanille aus der Urheimat Mexiko mit ihren bis zu 25 cm langen Schoten ist etwas weicher und zurückhaltender im Aroma als die Bourbon-Vanille und schmeckt wunderbar süsslich. Die kleine Ernte wird vorwiegend in die USA exportiert.

Tahiti-Vanille Die Vanille von den Inseln im Pazifischen oder Stillen Ozean mit ihren 15 bis 20 cm langen rötlichen bis schwarzbraunen dreikantigen Schoten stammt von einer nahe verwandten Art ab. Sie weist einen geringeren Vanillin-, dafür einen höheren – geschmacksbestimmenden – Piperonalgehalt auf, der sich als ungewöhnlich zart-blumiges Aroma äussert. Sie gilt im Welthandel als minderwertig, weil ihr Geruch merklich von demjenigen der Standardvanille abweicht.

Indonesische oder Javanische Vanille Die Vanille aus Indonesien, vorwiegend aus Java, ähnelt der Bourbon- Vanille, besitzt jedoch eine etwas härtere Fruchtschale.

Likör und Vanille

Vanille ist als Gewürzstoff in den verschiedensten Likören und in Spuren auch in Bier, Röstkaffee, Rum sowie Whisky enthalten. Hier einige Beispiele:

Amaretto Italienischer Bittermandellikör auf Mandel- und Aprikosensteinbasis mit Bourbon-Vanille.

Tia Maria Süsslicher Kaffeelikör aus Blue-Mountain-Kaffee, Jamaika-Rum, Kakao, verschiedenen Kräutern und Vanille.

Galliano Goldgelber italienischer Likör, dessen Aroma auf bis zu 80 Kräutern (insbesondere Anis, Lakritze, dazu auch Vanille), Wurzeln, Beeren und Blumen aus dem norditalienischen Hochgebirge beruht.

Cremeliköre Unter diesem Sammelbegriff laufen unzählige Liköre, deren Aroma vorwiegend von ein oder mehreren Früchten bestimmt wird. Eine eher seltene Variante ist der Likör «Crème de Vanille», aber auch der blaufarbige Veilchenlikör «Crème de Violette» wird gerne mit Vanille verfeinert.

Die Verarbeitung von Vanille, dargestellt als Wandmalerei auf der Hausfassade eines Händlers in Sambava.

Vanilleparfait mit Passionsfruchtsauce

Das erfrischende, leicht süss-säuerliche, etwas an Aprikosen erinnernde Aroma der Passionsfrucht harmoniert ausgezeichnet mit der dezenten Vanillenote dieser klassischen Eisspezialität. Passionsfrüchte sind übrigens erst richtig reif, wenn die Schale stark schrumpelig aussieht.

Bild Seite 79.

Für 6 Portionen

1 Vanilleschote
125 g Zucker
150 ml Wasser
3 Eigelb
300 ml Rahm

Passionsfruchtsauce:
9 Passionsfrüchte
50 g Zucker
Saft von 1 Orange

1 Die Vanilleschote der Länge nach aufschlitzen, mit den herausgekratzten Samen, dem Zucker und dem Wasser in eine Pfanne (Topf) geben und 4–5 Minuten leise kochen lassen.
2 Den Zuckersirup in eine Schüssel umgiessen und die Vanilleschote entfernen. Ein Eigelb nach dem andern unter den noch heissen Sirup rühren. Dann die Masse über einem heissen Wasserbad zu einer hellen, dicklichen Creme aufschlagen.
3 Die Schüssel in ein Eiswasserbad stellen und so lange weiterschlagen, bis die Creme abgekühlt und zähflüssig ist.
4 Den Rahm steif schlagen. Sorgfältig unter die Creme ziehen.
5 Eine Cake- oder Terrinenform mit Klarsichtfolie auslegen. Die Vanillecreme einfüllen und mindestens 3 Stunden gefrieren lassen.
6 2 der Passionsfrüchte für die Garnitur beiseite stellen. Die restlichen Früchte halbieren und mit einem Teelöffel Kerne und Fleisch herauslösen. Zusammen mit Zucker und Orangensaft auf kleinem Feuer 10 Minuten leise kochen lassen. Durch ein Sieb passieren und auskühlen lassen.
7 Die beiseite gelegten Passionsfrüchte ebenfalls halbieren, Kerne und Fleisch herauslösen und zur Sauce geben.
8 Zum Servieren das Parfait aus der Form stürzen, in Scheiben schneiden, auf Tellern anrichten und mit Passionsfruchtsauce umgiessen.

Vanillecrêpes mit Passionsfrüchten

Die kleinen, mit Vanille parfümierten Omelettchen können sehr gut einige Zeit im Voraus gebacken und im Kühlschrank aufbewahrt oder eingefroren werden. Kurz vor dem Servieren werden sie in einem köstlichen Jus aus Passions- und Zitrusfrüchten erhitzt. Dazu gibt es Vanillerahm oder Vanilleeis.

Für 4 Personen

Crêpes:
75 g Mehl
1/2 Vanilleschote
1 gehäufter Esslöffel hausgemachter (siehe Seite 101) oder Bourbon-Vanillezucker
1 Messerspitze Salz
150 ml Milchwasser (halb Milch, halb Wasser)
2 Eier
1 Eigelb
25 g Butter

Sauce:
6 Passionsfrüchte
Saft von 1 Orange
Saft von 1 Limone
1 Esslöffel Butter
1/2 Vanilleschote
60 g Zucker

1 Das Mehl in eine Schüssel sieben. Die Vanilleschote der Länge nach halbieren, die Samen herauskratzen und zum Mehl geben. Vanillezucker und Salz beifügen. Langsam das Milchwasser, die Eier und das Eigelb dazurühren. Die Butter schmelzen und ebenfalls beifügen. Den Teig mindestens 20 Minuten ausquellen lassen.
2 Eine beschichtete Bratpfanne mit wenig Butter ausstreichen und erhitzen. Jeweils eine kleine Kelle Teig hineingeben, durch Drehen der Pfanne möglichst dünn verteilen und beidseitig backen. Die Crêpes auf einem Teller zu einem Viertel zusammenfalten.
3 Für die Sauce die Passionsfrüchte halbieren und das Fruchtfleisch mit einem Löffel auslösen. Den Orangen- und Limonensaft zu den Passionsfrüchten geben.
4 Kurz vor dem Servieren die Butter in einer weiten Pfanne erwärmen. Das Passionsfruchtfleisch, die der Länge nach aufge-

schnittene Vanilleschote mit den herausgekratzten Samen sowie den Zucker beifügen und alles 3–4 Minuten kochen lassen. Dann die Crêpes in die Sauce legen und gut heiss werden lassen. Sofort in tiefen Tellern anrichten und nach Belieben je 1 Kugel Vanilleeis oder Vanillerahm darauf geben. Heiss servieren.

Karamellisierte Ananas mit Vanillebutter und Sauerrahmeis

Frische Ananasscheiben werden in einem mit Vanillebutter verfeinerten Karameljus kurz erhitzt und mit kühlem Sauerrahmeis serviert – ein köstlicher und perfekter Kontrast von süssen und säuerlichen Aromen!

Für 6 Personen

Sauerrahmeis:
Schale und Saft von 1 Zitrone
500 g Crème fraîche
1/8 l Vollrahm
150 g Zucker

Karamellisierte Ananas:
50 g zimmerwarme Butter
2 Vanilleschoten
1 reife Ananas
100 g Zucker
1/8 l heisses Wasser

1 Für das Eis Zitronenschale und -saft mit der Crème fraîche, dem Rahm und dem Zucker gut verrühren. Die Creme in der Glacemaschine oder in einer Schüssel gefrieren lassen. Lässt man sie in einer Schüssel gefrieren, die Masse mit dem Stabmixer vier- bis fünfmal kräftig durchrühren, um die Bildung von Eiskristallen zu verhindern.

2 Für die karamellisierte Ananas die Butter so lange kräftig rühren, bis sich kleine Spitzchen bilden. Die Vanilleschoten der Länge nach aufschlitzen und die Samen zur Butter kratzen. Gut mischen und bis zur Verwendung kühl stellen.

3 Den Stielansatz und die Blätter der Ananas grosszügig wegschneiden. Die Frucht aufrecht in einen Teller stellen, um austretenden Fruchtsaft aufzufangen, und die Schale in Streifen abschneiden; die Augen ausstechen und die Frucht in Scheiben

Vanillecrêpes mit Passionsfrüchten (oben)
Karamellisierte Ananas mit Vanillebutter und Sauerrahmeis (unten)

schneiden. Den Strunk in der Mitte der Scheiben mit einem runden Ausstecher herausschneiden. Den entstandenen Fruchtsaft beiseite stellen.

4 Den Zucker auf mittlerem Feuer zu hellbraunem Karamell schmelzen. Das heisse Wasser und den beiseite gestellten Ananassaft beifügen. Die Flüssigkeit sirupartig einkochen lassen.

5 Die Vanillebutter zum Sirup geben und einziehen lassen. Die Ananasscheiben hineinlegen und erhitzen, dabei einmal wenden. In tiefen Tellern anrichten und je 1 Kugel Sauerrahmeis darauf setzen. Sofort servieren.

Vanille-Mango-Terrine

Weil Vanilleschoten ihr Aroma optimal nur in der Wärme entfalten können, also in einer warmen Flüssigkeit oder in einem Teig, der gebacken wird, verwendet man für diese leichte Terrine auf Joghurtbasis nur Vanillezucker und Vanilleextrakt, deren Aroma bereits aufgeschlossen ist. Anstelle von Mangos kann man auch Pfirsiche oder Nektarinen verwenden, sollte diese aber vor der Zubereitung in einem leichten Zuckersirup kurz vorkochen, damit sie sich nicht braun verfärben.

Für 8–10 Portionen

5 reife Mangos
Saft von 1 Zitrone oder Limone
2–3 Esslöffel Zucker
8 Blatt Gelatine
1/2 l Joghurt nature
2 Päckchen Bourbon-Vanillezucker
100 g Puderzucker
3 Teelöffel naturreiner Vanilleextrakt
1/2 l Rahm

1 Die Mangos schälen. Das Fruchtfleisch vom Kern schneiden, indem man zuerst die eine, dann die andere Hälfte der Frucht etwa 1 cm von der Mitte parallel abschneidet. Die Mangohälften in dünne Schnitze schneiden. In eine Schüssel geben, mit dem Zitronen- oder Limonensaft und dem Zucker mischen.

2 Die Gelatine in reichlich kaltem Wasser einweichen.

3 Eine beschichtete Cake- oder eine Terrinenform mit Klarsichtfolie auslegen; am besten geht dies, wenn man eine Seite der Folie mit Wasser benetzt.

4 Joghurt, Vanillezucker, Puderzucker und Vanilleextrakt gut verrühren.

5 Die eingeweichte Gelatine tropfnass in ein kleines Pfännchen geben und erwärmen, bis sie geschmolzen ist. Vom Feuer nehmen. Löffelweise gut ein Drittel der Joghurtcreme darunter rühren, dann diese Mischung unter die restliche Joghurtmasse schlagen. Kühl stellen, bis die Creme dem Rand entlang zu gelieren beginnt.

6 Inzwischen den Boden der vorbereiteten Form dekorativ mit Mangoschnitzen auslegen.

7 Den Rahm steif schlagen. Unter die gelierende Joghurtcreme rühren. Die Hälfte der Creme in die vorbereitete Form füllen. 10–15 Minuten kühl stellen.

8 Eine weitere Lage Mangoschnitze auf die Creme geben, dabei an den Seiten einen kleinen Rand frei lassen. Die restliche Creme darüber verteilen. Die Terrine mindestens 3 Stunden kühl stellen.

9 Die restlichen Mangos mitsamt der Flüssigkeit fein pürieren. Nach Belieben durch ein Sieb streichen und kühl stellen.

10 Zum Servieren die Terrine stürzen und die Klarsichtfolie sorgfältig abziehen. Die Terrine in Scheiben schneiden, auf Tellern anrichten und mit Mangosauce umgiessen; man kann diese auch separat dazu servieren.

Tipp: Man kann sich Arbeit sparen, indem man Mangos aus der Dose verwendet; sie sind in Asienläden oder Delikatessengeschäften erhältlich.

Vanillecharlotte

Mit der Bavaroise verwandt ist die Charlotte, ursprünglich eine Dessertspezialität aus England. Sie besteht aus einer Biskuithülle, die mit einer Bayerischen Creme gefüllt wird. Nach Belieben kann man die Creme mit Früchten bereichern, etwa mit klein geschnittenen Erdbeeren, Himbeeren oder gewürfelter Ananas. Übrigens: Unbedingt Ananas aus der Dose verwenden; frische Früchte enthalten ein Enzym, das sich nicht mit Gelatine verträgt und verhindert, dass die Creme fest wird.

Für 8 Portionen

Biskuit:
4 Eigelb
120 g Zucker
4 Eiweiss
1 Prise Salz
120 g Mehl
250 g Aprikosenkonfitüre

Füllung:
1 Vanilleschote
½ l Milch
8 Blatt Gelatine
5 Eigelb
120 g Zucker
400 ml Rahm

1 Den Backofen auf 180 Grad vorheizen. Ein umgedrehtes Blech, also die Seite ohne Rand mit Backpapier belegen.
2 Für das Biskuit die Eigelbe mit der Hälfte des Zuckers zu einer hellen, dicklichen Creme aufschlagen. Die Eiweisse mit dem Salz schaumig schlagen. Dann nach und nach den restlichen Zucker einrieseln lassen und noch so lange weiterschlagen, bis eine glänzende schneeweisse Masse entstanden ist. Das Mehl über die Eicreme sieben, den Eischnee darauf geben und alles sorgfältig unterziehen. Den Teig auf dem vorbereiteten Blech 1 cm dick zu einem langen Rechteck ausstreichen.
3 Das Biskuit sofort im 180 Grad heissen Ofen auf der zweituntersten Rille 8–10 Minuten backen. Heiss auf ein mit Zucker bestreutes Backpapier stürzen. Das Backpapier von der Unterseite des Biskuits abziehen und das Biskuit mitsamt dem neuen Backpapier aufrollen. Auskühlen lassen.
4 Nach dem Erkalten das Biskuit wieder entrollen. Mit der Aprikosenkonfitüre bestreichen und erneut satt einrollen.
5 Für die Füllung die Vanilleschote der Länge nach aufschlitzen, mit den herausgekratzten Samen und der Milch in eine Pfanne (Topf) geben. Aufkochen, vom Feuer nehmen und 10–15 Minuten ziehen lassen.
6 Die Gelatine in reichlich kaltem Wasser einweichen.
7 Die Eigelbe mit dem Zucker zu einer hellen, dicklichen Creme aufschlagen.
8 Die Milch nochmals aufkochen. Die Vanilleschote entfernen. Die kochend heisse Milch unter Rühren zur Eicreme giessen. In die Pfanne (den Topf) zurückgeben und die Creme nochmals kurz vors Kochen bringen, bis sie leicht bindet. Sofort durch ein Sieb in eine Schüssel umgiessen.
9 Die Gelatine ausdrücken und in der noch heissen Creme unter Rühren auflösen. Die Creme kühl stellen, bis sie dem Rand entlang zu gelieren beginnt.
10 Inzwischen eine Glasschüssel von etwa 2½ Liter Inhalt oder eine Halbkugelform mit Klarsichtfolie auslegen; am besten geht dies, wenn man die Folie auf einer Seite mit Wasser benetzt. Die Biskuitroulade in dünne Scheiben schneiden und die Form damit auslegen.
11 Den Rahm steif schlagen. Unter die leicht gelierte Creme ziehen und diese in die vorbereitete Form füllen. Die Charlotte mindestens 4 Stunden kühl stellen.
12 Zum Servieren die Charlotte auf eine Platte stürzen, die Klarsichtfolie sorgfältig abziehen und nach Belieben mit frischen Früchten oder geschlagenem Rahm ausgarnieren.

Tipp: Man kann die Charlotte nach dem Stürzen auch noch aprikotieren, was ihr eine schöne Farbe und Glanz verleiht. Dazu Aprikosenkonfitüre erwärmen, durch ein feines Sieb streichen und die Charlotte damit bestreichen.

Strudel-Mille-feuilles mit Rhabarber

Mille-feuilles, die «tausend Blätter» der Cremeschnitten, werden in der klassischen Dessertküche aus Blätterteig zubereitet. Für diese leichte Variante werden hauchdünne Strudelteigblätter verwendet. Die ausgebackenen Blätter halten sich gut verschlossen 2–3 Tage frisch, sodass sich dieses originelle Dessert gut vorbereiten lässt. Anstelle von Rhabarber kann man auch Aprikosen, Nektarinen, Pfirsiche, Pflaumen oder Zwetschgen verwenden.

Für 6 Portionen

Ca. 800 g Rhabarber
1 Vanilleschote
125 g Zucker
1/8 l Rotwein
ca. 150 g selbst gemachter oder 2 Pakete tiefgekühlter Strudelteig
Bratbutter zum Ausbacken
1 Becher Rhabarberjoghurt (180 g)
150 ml Rahm
1 Päckchen Bourbon-Vanillezucker oder 1 Esslöffel hausgemachter Vanillezucker (siehe Seite 101)

1 Den Rhabarber rüsten und in 2 cm lange Stücke schneiden.
2 Die Vanilleschote der Länge nach halbieren. Mit dem Zucker und dem Rotwein in eine eher weite Pfanne geben. Aufkochen und auf mittlerem Feuer 4–5 Minuten leise kochen lassen. Die Rhabarberstücke hineingeben und nur gerade knapp weich garen. Mit einer Schaumkelle herausheben und in eine Schüssel geben. Den Rhabarbersud sirupartig einkochen, dann über die Rhabarberstücke giessen. Auskühlen lassen.
3 Den Strudelteig hauchdünn auswallen. Verwendet man tiefgekühlte Teigblätter, diese auf der Arbeitsfläche auslegen. In 18 Quadrate von etwa 6 x 6 cm schneiden.
4 In einer Bratpfanne gut 1/2 cm hoch Bratbutter erhitzen. Die Teigquadrate darin golden ausbacken, dabei einmal wenden. Wichtig: Wenn die Butter heiss ist, geht das Backen blitzschnell (etwa 15 Sekunden). Auf Küchenpapier abtropfen lassen.
5 Kurz vor dem Servieren etwa ein Viertel der Rhabarberstücke (ohne Jus) fein pürieren. Mit dem Joghurt mischen. Den Rahm mit dem Vanillezucker sehr steif schlagen und unter die Joghurtcreme ziehen.
6 Auf jeden Dessertteller 1 Teigblatt geben und etwas Rhabarbercreme sowie Rhabarberstücke darauf verteilen. Mit einem zweiten Teigblatt bedecken und wieder mit Creme und Rhabarber belegen. Mit einem weiteren Teigblatt abschliessen und dieses mit Puderzucker bestäuben.

Tipp: Die Rhabarber-Mille-feuilles mit Erdbeersauce umgiessen.

Gebackener Vanillepfirsich mit Moscato-Sabayon

Eine kühle Schaumcreme mit Moscato, dem süsslichen, oft prickelnden italienischen Wein aus der Muskatellertraube, begleitet die mit Vanilleschoten gefüllten und im Ofen gebackenen Pfirsiche.

Für 4 Personen

Sabayon:
2 Eigelb
2 Esslöffel Zucker
1/8 l Moscato oder ersatzweise Apfelsaft
75 ml Rahm

Pfirsiche:
2 Vanilleschoten
4 Pfirsiche
4 Teelöffel Zucker
4 Esslöffel Moscato oder ersatzweise Apfelsaft

1 Für das Sabayon Eigelbe, Zucker und Moscato in eine Schüssel geben und über einem heissen Wasserbad so lange aufschlagen, bis die Masse schaumig ist und cremig bindet. Vom heissen Wasserbad nehmen und sofort in ein eiskaltes Wasserbad stellen. Das Sabayon so lange weiterschlagen, bis es vollständig ausgekühlt ist. Den Rahm steif schlagen und darunter ziehen. Das Sabayon mindestens 1/2 Stunde kühl stellen.
2 Den Backofen auf 200 Grad vorheizen. 4 grosse Stücke Backpapier oder Alufolie grosszügig mit Butter bestreichen. Die Vanilleschoten halbieren und der Länge nach aufschneiden.
3 Die Pfirsiche kurz in kochendes Wasser tauchen, kalt abschrecken und die Haut abziehen. Jeden Pfirsich halbieren und den Stein entfernen. Jeweils 1 Pfirsichhälfte mit der Höhlung nach oben auf ein Stück Folie setzen, 1/2 aufgeschlitzte Vanilleschote, 1 Teelöffel Zucker und 1 Esslöffel Moscato in die Höhlung geben. Dann die zweite Pfirsichhälfte darauf setzen, sodass

Strudel-Mille-feuilles mit Rhabarber (oben)
Gebackener Vanillepfirsich mit Moscato-Sabayon (unten)

wieder ein «ganzer» Pfirsich entsteht. Die Folie verschliessen und die Pakete auf ein Blech setzen.

4 Die Vanillepfirsiche im 200 Grad heissen Ofen je nach Reifegrad 20–30 Minuten backen. Die Folie öffnen und die Pfirsiche mitsamt Vanilleschote in Dessertschalen oder tiefen Tellern anrichten. Mit etwas Sabayon umgiessen, den Rest separat dazu servieren.

Warme Vanillebirnen in der Folie

Wer kein Liebhaber von Süssem ist, kann diese Vanillebirnen auch lauwarm oder ausgekühlt zu einem gut gereiften Blauschimmelkäse wie Gorgonzola oder Roquefort servieren – eine spektakuläre Kombination für den Gaumen! In der süssen Variante serviert man Vanilleeis oder flaumig geschlagenen Vanillerahm dazu.

Für 4 Personen

1 grosse, gut reife Birne
Saft von 1 Zitrone
6 Esslöffel Aprikosenkonfitüre
3–4 Esslöffel Wasser
2 Vanilleschoten

1 Die Birne schälen, halbieren, das Kerngehäuse sorgfältig herausschneiden und die Früchte sofort mit dem Saft einer halben Zitrone bestreichen, damit sie sich nicht braun verfärben.

2 Die Aprikosenkonfitüre mit dem restlichen Zitronensaft und dem Wasser in einem kleinen Pfännchen erwärmen, bis sie flüssig wird.

3 Den Backofen auf 220 Grad vorheizen.

4 Auf der Arbeitsfläche 4 grosse Blatt Backpapier oder Alufolie ausbreiten und je 1 Birnenhälfte darauf legen. Einen Viertel der warmen Konfitüre auf den Birnen verteilen. Die Vanilleschoten der Länge nach halbieren. Je 1 Hälfte sowie etwas herausgekratzte Samen auf die Birnen legen. Zu Paketen verschliessen; am besten mit Küchenschnur binden, damit beim Garen kein Dampf entweichen kann.

5 Die Birnenpäckchen auf ein Blech legen und in der Mitte des 220 Grad heissen Ofens 15–20 Minuten garen; dabei soll sich das Papier oder die Folie blähen. Die Birnenpäckchen auf Teller geben und servieren; sie werden erst am Tisch geöffnet.

Karamell-Panna-cotta mit Vanilleaprikosen

Panna cotta – «gekochter Rahm» – ist das italienische Dessert schlechthin und heute auch ausserhalb Italiens sehr populär. Hier finden Sie eine neue Variante davon, ähnlich einem Karamellköpfchen, aber natürlich noch viel zartschmelzender als dieses. Dazu passen in Vanillesirup gedünstete Aprikosen.
Bild Seite 57.

Für 4 Personen

Panna cotta:
1 Vanilleschote
1/2 l Doppelrahm
150 g Zucker
3 Blatt Gelatine

Aprikosenkompott:
500 g Aprikosen
1 Vanilleschote
1/8 l sehr fruchtiger Weisswein
3–4 Esslöffel Zucker

1 Die Vanilleschote der Länge nach halbieren, mit den herausgekratzten Samen, dem Doppelrahm und der Hälfte des Zuckers in eine Pfanne (Topf) geben. Auf etwa 80 Grad erhitzen; nicht kochen lassen! Vom Feuer nehmen und 15 Minuten ziehen lassen.

2 Inzwischen den restlichen Zucker mit 2–3 Esslöffeln Wasser zu goldbraunem Karamell schmelzen. In 4 hitzebeständigen Portionenförmchen ausgiessen und erstarren lassen.

3 Die Gelatine in reichlich kaltem Wasser einweichen.

4 Den Vanillerahm nochmals kurz vors Kochen bringen. Vom Feuer nehmen und die Vanilleschote entfernen. Die Gelatine ausdrücken und im Rahm auflösen. Erkalten lassen.

5 Den ausgekühlten Rahm in die vorbereiteten Förmchen giessen und mindestens 4 Stunden kühl stellen.

6 Für das Kompott die Aprikosen halbieren und entkernen.

7 Die Vanilleschote der Länge nach halbieren und mit den herausgekratzten Samen, dem Weisswein und dem Zucker in eine Pfanne geben. Auf kleinem Feuer 2–3 Minuten kochen lassen. Die Aprikosen hineingeben, zugedeckt auf kleinem Feuer nur 3–4 Minuten knapp weich kochen. Im Sud auskühlen lassen.

8 Zum Servieren die Panna cotta dem Rand entlang sorgfältig lösen und auf Teller stürzen. Mit den Vanilleaprikosen umlegen.

Vanilleköpfchen mit Erdbeersauce

Diese kleinen Flans sind ganz ohne Rahm zubereitet und damit ein sehr leichtes Dessert, das intensiv nach Vanille schmeckt. Die Masse ist so zart in der Konsistenz, dass man sie nicht als grossen Pudding zubereiten sollte, weil sie sonst nach dem Stürzen leicht zusammenfallen könnte.

Für 6 Portionen

2 Vanilleschoten
½ l Milch
75 g Zucker
1 Prise Salz
25 g Butter
50 g Griess
1 Eiweiss
2 Eigelb

Erdbeersauce:
500 g Erdbeeren
1 Esslöffel Zitronensaft
3–4 Esslöffel Zucker

1 Die Vanilleschoten der Länge nach aufschlitzen, mit den herausgekratzten Samen und der Milch aufkochen, dann vom Feuer nehmen und 10–15 Minuten ziehen lassen.
2 Die Vanilleschoten aus der Milch entfernen. Zucker, Salz und Butter beifügen und aufkochen. Den Griess unter Rühren einrieseln lassen. Alles nochmals zum Kochen bringen. Dann zugedeckt auf der ausgeschalteten Herdplatte gut 5 Minuten ausquellen lassen; dabei zwei- bis dreimal umrühren.
3 Inzwischen das Eiweiss steif schlagen.
4 Die Eigelbe unter die heisse Griessmasse rühren. Dann mit dem Schwingbesen den Eischnee darunter ziehen. Die Griessmasse in sechs kalt ausgespülte Portionen-Souffléförmchen oder Espressotassen füllen. Mit Folie verschliessen und im Kühlschrank mindestens 4 Stunden kalt stellen.
5 Für die Sauce die Erdbeeren rüsten, nach Belieben einige schöne Beeren für die Garnitur beiseite legen. Die restlichen Erdbeeren mit dem Zitronensaft und dem Zucker pürieren.
6 Zum Servieren die Vanilleköpfchen dem Rand entlang sorgfältig lösen und auf Dessertteller stürzen. Mit Erdbeersauce umgiessen und nach Belieben mit den zurückbehaltenen Beeren garnieren.

Vanillesoufflé

Dieses Vanillesoufflé wird in Portionenformen gebacken, was einfacher ist als in einer grossen Form. Zudem lässt es sich auch problemlos stürzen und als kleiner, luftiger «Kuchen» mit einer Fruchtsauce oder einem Kompott servieren.

Für 4–5 Portionen

1 Vanilleschote
200 ml Milch
1 Stückchen Butter
20 g Vanillepuddingpulver
etwas Butter und Zucker für die Formen
4 Eigelb
3 Eiweiss
60 g Zucker
1 Päckchen Bourbon-Vanillezucker
15 g Speisestärke (Maizena)

1 Die Vanilleschote der Länge nach halbieren, mit den herausgekratzten Samen, 150 ml Milch und der Butter in eine Pfanne (Topf) geben. Unter Rühren aufkochen. Vom Feuer nehmen und 10 Minuten ziehen lassen.
2 Die restliche Milch mit dem Puddingpulver verrühren und beifügen. Alles unter Rühren aufkochen und ½ Minute kochen lassen. In eine Schüssel umfüllen, die Oberfläche mit Klarsichtfolie bedecken und auf Handwärme abkühlen lassen.
3 Den Backofen auf 220 Grad vorheizen. Eine feuerfeste Form mit einem zur Hälfte gefalteten Küchentuch auslegen. Die Portionen-Souffléförmchen grosszügig ausbuttern und mit Zucker ausstreuen. Reichlich Wasser aufkochen.
4 Die Vanillemasse kurz durchrühren, dann ein Eigelb nach dem andern darunter rühren.
5 Die Eiweisse schaumig schlagen. Dann nach und nach den Zucker und den Vanillezucker einrieseln lassen und so lange weiterschlagen, bis ein cremiger Schnee entstanden ist. Die Speisestärke darunter ziehen. Ein Drittel der Eischneemasse mit dem Schwingbesen unter die Vanillemasse rühren, den Rest sorgfältig mit einem Spachtel darunter heben. In die vorbereiteten Förmchen füllen und diese in die Form mit dem Küchentuch stellen. So viel kochendes Wasser dazugiessen, dass die Souffléförmchen gut zur Hälfte im Wasserbad stehen.
6 Die Soufflés im 220 Grad heissen Ofen auf der untersten Rille etwa 30 Minuten backen. In der Form – nach Belieben mit Puderzucker bestreut – servieren oder stürzen.

Vanillesoufflé (links)

Vanilleköpfchen mit Erdbeersauce (rechts)

Vanillenudeln mit Kirschenkompott

Süsse Teigwaren sind beileibe keine Kinderspeise, sondern man findet sie in mancherlei Variationen in der italienischenund österreichischen Dessertküche. Anstelle einer Sauce werden sie meistens von reichlich Butter und gerösteten Bröseln oder einem Fruchtkompott begleitet, im Falle dieser Vanillenudeln von Rotweinkirschen. Ausserhalb der Kirschensaison eignen sich auch Pflaumen, Aprikosen oder Zwetschgen für die Zubereitung des Kompotts.

Für 6 Personen

Vanillenudeln:
100 g Mehl (evtl. zur Hälfte gemischt mit Hartweizenmehl)
1 Esslöffel Puderzucker
1 Vanilleschote
1 Ei

Kompott:
750 g Kirschen
1/4 l kräftiger Rotwein
50 g Zucker
2 Gewürznelken
1 Streifen Orangenschale

1/8 l Rahm
1 Teelöffel Vanilleextrakt

1 Das Mehl in eine Schüssel sieben und mit dem Puderzucker mischen. Die Vanilleschote der Länge nach halbieren und die Samen zum Mehl kratzen. Die Vanilleschote für die Zubereitung des Kompotts beiseite legen. Das Ei verquirlen und ebenfalls zum Mehl geben. Alles zu einem glatten Teig kneten; je nach Konsistenz noch 1 Esslöffel Wasser oder etwas Mehl beifügen. Den Teig in Klarsichtfolie wickeln und 30 Minuten bei Zimmertemperatur ruhen lassen.
2 Für das Kompott die Kirschen entsteinen.
3 Den Rotwein mit der beiseite gelegten Vanilleschote, dem Zucker, den Nelken und der Orangenschale in einen Topf geben und ungedeckt etwa 5 Minuten lebhaft kochen lassen. Dann die Kirschen beifügen und zugedeckt auf kleinstem Feuer etwa 10 Minuten gar ziehen lassen. Mit einer Schaumkelle herausheben und in eine Schüssel geben. Den Sud sirupartig einkochen lassen und über die Früchte giessen.
4 Den Teig mit der Nudelmaschine oder mit dem Wallholz sehr dünn auswallen und in 1/2 cm breite Streifen schneiden.
5 Den Rahm mit dem Vanilleextrakt flaumig schlagen.
6 Die Nudeln in reichlich kochendem Salzwasser etwa 2 Minuten bissfest garen. Abschütten, kurz unter kaltem Wasser abschrecken, gut abtropfen lassen und in tiefen Tellern anrichten. Etwas Vanillerahm sowie die Kirschen mit Sauce darauf geben.

Salzburger Nockerln

«Wer sie noch nie gegessen hat, der hat umsonst gelebt», so lautet ein Ausspruch über die vielleicht berühmteste österreichische Mehlspeise, die Salzburger Nockerln. Das zart-schmelzende Schaumgebilde besteht ausschliesslich aus Ei, Zucker, Vanille und nur gerade einem Hauch von Mehl – alles Zutaten, die man in jedem Haushaltsvorrat findet.

Für 4 Personen

3 Eiweiss
30 g Zucker
1/3 Vanilleschote
3 Eigelb
1 Teelöffel Vanilleextrakt
1 gestrichener Esslöffel Mehl
Puderzucker zum Bestreuen

1 Den Backofen auf 200 Grad vorheizen. Eine Gratinform sehr grosszügig ausbuttern.
2 Die Eiweisse steif schlagen. Dann löffelweise den Zucker einrieseln lassen und so lange weiterschlagen, bis eine glänzende, schneeweisse Masse entstanden ist; der Zucker muss sich vollständig aufgelöst haben.
3 Die Vanilleschote der Länge nach aufschlitzen und die Samen in ein Schüsselchen kratzen. Eigelbe und Vanilleextrakt beifügen und alles gut verrühren. Dem Schüsselrand entlang zum Eischnee geben. Das Mehl darüber sieben. Beides mit einem Gummischaber sorgfältig unter den Eischnee ziehen.
4 Aus der Eimasse mit einem grossen Löffel 3 grosse Haufen (Nockerln) abstechen und satt neben- bzw. ineinander in die vorbereitete Form setzen. Sofort im 200 Grad heissen Ofen auf der mittleren Rille etwa 5 Minuten backen. Wichtig: Die Masse darf nicht ganz durchgebacken sein; innen soll sie eine cremige Konsistenz aufweisen. Die Nockerln mit Puderzucker bestreuen und sofort heiss servieren.

Vanillenudeln mit Kirschenkompott (oben)
Salzburger Nockerln (unten)

Kokos-Vanille-Flan

Als exotische Variante der Bayerischen Creme könnte man diese kleinen Puddinge umschreiben. Gut passen dazu als Begleiter jede Arte von exotischen Früchten, sei es als Fruchtpüree oder Kompott. Für das Foto haben wir Bananen in Scheiben geschnitten, mit Zitronen- und nach Belieben etwas Orangensaft mariniert und anschliessend in Butter mit etwas Rohrzucker kurz gedünstet.

Kokos-Vanille-Flan

Für 6–8 Portionen

½ Vanilleschote
2 Teelöffel Vanilleextrakt
100 g Zucker
3 Eier
3 Eigelb
400 ml Kokosmilch

1 Die Vanilleschote der Länge nach halbieren und die Samen in eine Schüssel kratzen. Vanilleextrakt, Zucker, Eier sowie Eigelbe beifügen und alles zu einer hellen, dicklichen Creme aufschlagen. Dann die Kokosmilch dazurühren. Die Creme in 6–8 hitzebeständige Portionenförmchen verteilen.

2 Den Backofen auf 160 Grad vorheizen. Reichlich Wasser aufkochen. Eine feuerfeste Form mit einem zwei- bis dreifach gefalteten Küchentuch auslegen. Die Förmchen darauf stellen und so viel kochendes Wasser dazugiessen, bis die Förmchen gut zur Hälfte im Wasserbad stehen. Mit Alufolie abdecken.

3 Die Flans sofort im 160 Grad heissen Ofen auf der untersten Rille 30–35 Minuten stocken lassen. Herausnehmen und mindestens 4 Stunden kühl stellen.

4 Zum Servieren die Flans dem Rand entlang mit einem spitzen Messer sorgfältig lösen. Auf Teller stürzen und nach Belieben mit Früchten und/oder einer Fruchtsauce servieren.

Vanillekipferl, Rezept Seite 100

Blumig-würzig: Kleingebäck und Kuchen

Vanillesablés

Etwas in der Zubereitung Einfacheres als dieses knusprige Kleingebäck gibt es kaum: Alle Zutaten luftig rühren, den Teig zu Rollen formen, kühl stellen, dann in Scheiben schneiden und backen – und schon ist das Gebäck fertig!

Ergibt etwa 60 Stück

175 g weiche Butter
1 Vanilleschote
1 Päckchen Bourbon-Vanillezucker
75 g Zucker
1 Prise Salz
250 g Mehl

Glasur:
75 g Puderzucker
1 Vanilleschote
1–1 ½ Esslöffel Wasser oder Kirsch

1 Die Butter so lange rühren, bis sich kleine Spitzchen bilden. Die Vanilleschote der Länge nach aufschlitzen, mit einem spitzen Messer die Samen herauskratzen und zur Butter geben. Vanillezucker, Zucker und Salz beifügen. Alles zu einer luftigen, hellen, fast weissen Masse aufschlagen.
2 Das Mehl zur Butter sieben und die Zutaten rasch zu einem weichen Teig zusammenfügen. In 2–3 Portionen teilen und jede Portion auf ein Stück Alufolie oder Backpapier geben. Zu Rollen von etwa 2 cm Durchmesser formen und diese mindestens 1 Stunde kühl stellen.
3 Den Backofen auf 200 Grad vorheizen.
4 Die Rollen in etwa ½ cm dicke Scheiben schneiden und diese auf ein mit Backpapier belegtes Blech geben. Sofort in der Mitte des 200 Grad heissen Ofens etwa 12 Minuten hellgelb backen.
5 Inzwischen für die Glasur den Puderzucker in eine kleine Schüssel sieben. Die Vanilleschote der Länge nach aufschlitzen, mit einem spitzen Messer die Samen herauskratzen und zum Puderzucker geben. Wasser oder Kirsch beifügen und den Zucker zu einer dickflüssigen Glasur rühren.
6 Die Sablés noch heiss mit der Vanilleglasur bestreichen. Auskühlen lassen, dann gut verschlossen in einer Dose aufbewahren.

Tipp: Die ausgekratzten Vanilleschoten lassen sich auch ohne Samen immer noch für die Zubereitung vieler Rezepte in diesem Buch verwenden.

Vanillebaisers mit Nougatfüllung

Ergibt etwa 60 Stück

2 Vanilleschoten
100 g gemahlene geschälte Mandeln
3 Eiweiss
1 Prise Salz
225 g Puderzucker
einige Tropfen Zitronensaft
100 g weisse Toblerone
100 g Nougatmasse (in gut sortierten Lebensmittelgeschäften erhältlich)

1 Die Vanilleschoten der Länge nach aufschlitzen, die Samen mit einem spitzen Messer herauskratzen und zu den Mandeln geben. Gut mischen.
2 Die Eiweisse mit dem Salz sehr schaumig aufschlagen. Dann unter ständigem Weiterschlagen nach und nach den Puderzucker einrieseln lassen. Den Zitronensaft beifügen und 4 Minuten weiterschlagen, bis eine glänzende, schneeweisse Masse entstanden ist. Die Mandeln sorgfältig in mehreren Portionen darunter ziehen.
3 Den Backofen auf 150 Grad vorheizen.
4 Die Baisermasse in einen Spritzsack mit glatter Tülle (Nr. 10) füllen. Auf ein mit Backpapier belegtes Blech Stäbchen oder kleine Rondellen spritzen.
5 Die Baisers im 150 Grad heissen Ofen auf der zweituntersten Rille 30 Minuten backen; sie sollen eher trocknen als backen. Zu Beginn den Ofen alle 2–3 Minuten kurz öffnen, damit die Feuchtigkeit entweichen kann; das ist wichtig, weil die Baisers sonst Risse bekommen. Die Baisers auf einem Kuchengitter auskühlen lassen.
6 Die Toblerone in Stücke brechen und diese grob hacken. In eine Metallschüssel geben und über einem heissen Wasserbad schmelzen lassen. Die Nougatmasse in Stücke schneiden, beifügen und die Masse glatt rühren.
7 Auf die flache Seite der Baisers mit einem Teelöffel jeweils etwas Nougatmasse geben und mit einem zweiten Baiser bedecken. In einer gut verschlossenen Dose aufbewahren.

Kleine Vanilletörtchen (oben), Rezept Seite 100
Vanillesablés und Vanillebaisers mit Nougatfüllung (unten)

Kleine Vanilletörtchen

Diese Küchlein ergeben mit einer Fruchtsauce serviert ein attraktives Dessert. Gut schmecken dazu Passionsfrüchte, Erdbeeren, Himbeeren oder eine Waldbeerenmischung.
Bild Seite 99.

Ergibt 4 Stück

1 gehäufter Esslöffel Speisestärke (Maizena)
200 ml Rahm
4 Eigelb
2 Esslöffel Zucker
1 Päckchen Bourbon-Vanillezucker
abgeriebene Schale von 1/2 Zitrone
1 Vanilleschote
ca. 150 g Blätterteig

1 Die Speisestärke mit 4 Esslöffel Rahm glatt rühren und mit dem restlichen Rahm in einen kleinen Topf geben. Die Eigelbe, den Zucker, den Vanillezucker und die Zitronenschale darunter rühren. Die Vanilleschote der Länge nach halbieren und mit den herausgekratzten Samen beifügen. Alles auf mittlerem Feuer unter Rühren langsam erhitzen. Sobald die Creme leicht andickt, sofort vom Feuer nehmen. Etwas abkühlen lassen.
2 Den Backofen auf 220 Grad vorheizen.
3 Inzwischen den Blätterteig dünn auswallen. 4 Rondellen von etwa 12 cm Durchmesser ausstechen und damit Kuchenförmchen von etwa 10 cm Durchmesser auslegen. Den Boden mit einer Gabel regelmässig einstechen. Die Vanillecreme einfüllen. Aus den Teigresten 4 Herzen ausstechen und darauf legen.
4 Die Vanilletörtchen sofort im 220 Grad heissen Ofen auf der zweituntersten Rille etwa 12 Minuten backen, bis die Oberfläche leicht goldbraune Stellen aufweist. Lauwarm serviert schmecken die Törtchen besonders gut. Nach Belieben mit Puderzucker bestäuben.

Vanillekipferl

Sie sind weltberühmt, die zarten Vanillekipferl der österreichischen Küche, und sie gelten als Inbegriff zarten Mürbeteiggebäcks. Voraussetzung für einen perfekten Teig sind kalte Zutaten, denn das in der Butter enthaltene Wasser darf erst beim Backen entweichen. Bei zimmerwarmen Zutaten und auch bei zu langer Bearbeitung mit den Händen verbindet sich das Wasser vorher mit dem Mehl, wodurch die Kipferl hart werden. Deshalb den Teig immer nur in kleinen Portionen verarbeiten und den übrigen Teig inzwischen wieder kühl stellen.
Bild Seite 97.

Ergibt 50–60 Stück, je nach Grösse

250 g Mehl
1 Vanilleschote
80 g Puderzucker
1 Prise Salz
100 g gemahlene, evtl. geschälte Mandeln
1 Eigelb
200 g sehr kalte Butter

100 g Puderzucker
1 Vanilleschote

1 Das Mehl in eine grosse Schüssel sieben. In die Mitte eine Vertiefung drücken. Die Vanilleschote der Länge nach halbieren, mit einem spitzen Messerchen die Samen herauskratzen und in die Mehlmulde geben. Den Puderzucker dazusieben, Salz sowie Mandeln beifügen und alles gut mischen. Das Eigelb verrühren und mit einem Tafelmesser (kein spitzes Messer!) in der Mehlmasse etwas verteilen.
2 Die Butter in kleinen Flocken zum Mehl schneiden. Alles zwischen den Fingern zu einer bröseligen Masse reiben, dann rasch zu einer glatten Teigkugel verkneten. In Klarsichtfolie gewickelt mindestens 1 Stunde kühl stellen.
3 Aus dem Teig 4–5 Rollen formen. In Stücke schneiden und diese zuerst zu Kugeln formen, dann zu kleinen, an den Enden etwas dünner werdenden Würstchen rollen. Zu Kipferln (Gipfeli) formen und auf ein mit Backpapier belegtes Blech setzen. Vor dem Backen nochmals 40–45 Minuten kalt stellen.
4 Die Vanillekipferl im auf 180 Grad vorgeheizten Ofen auf der zweituntersten Rille 12–15 Minuten nur gerade ganz leicht hellgelb backen.
5 Inzwischen den Puderzucker in eine weite Schüssel sieben. Die Vanilleschote der Länge nach halbieren, mit einem spitzen Messerchen die Samen herauskratzen und mit dem Puderzucker mischen.
6 Die noch warmen Vanillekipferl im Vanillezucker wälzen oder diesen dick darüber sieben.

Hausgemachter Vanillezucker

2 Vanilleschoten der Länge nach halbieren, die herausgekratzten Samen zusammen mit den Schoten mit 300 g Zucker in ein gut verschliessbares Gefäss geben. Vor der Verwendung mindestens 1 Woche ziehen lassen.

Oder: ½ Vanilleschote im Cutter in feine Streifchen schneiden und diese an der Luft trocknen bzw. hart werden lassen. Dann die Vanilleschotenstreifchen zusammen mit 50 g Zucker im Cutter fein mahlen und diese Mischung mit etwa 250 g Zucker in ein Konfitürenglas geben. Vor Verwendung mindestens 3 Tage durchziehen lassen.

Dänisch Plunder

Wenn man Hefeteig wie Blätterteig verarbeitet, ensteht ein ganz besonderes Gebäck, das die Vorteile beider Teigarten in sich vereint: Es ist luftig und zugleich knusprig-zart. Die Dänen füllen diesen so genannten Plunderteig mit einer Vanillecreme, manchmal auch mit Früchten oder mit beidem zugleich.

Ergibt etwa 12 Stück

Teig:
300 g Mehl
30 g Hefe
2 Esslöffel Zucker
100 ml Milch
2 Eigelb
½ Teelöffel Salz
125 g Butter

Füllung:
½ Vanilleschote
3 Esslöffel Zucker
300 ml Milch
2 Eigelb
3–4 Esslöffel Milch zum Anrühren
40 g Speisestärke (Maizena)
1 Dose Aprikosenhälften

1 Eigelb
1 Esslöffel Milch
nach Belieben etwas Hagelzucker zum Bestreuen
4–5 Esslöffel Aprikosenkonfitüre

1 Für den Teig das Mehl in eine Schüssel sieben und in der Mitte eine Vertiefung drücken. Die Hefe zerbröckeln und mit dem Zucker flüssig rühren. In die Mehlmulde giessen und mit etwas Mehl vom Rand verrühren. Die Milch mit den Eigelben und dem Salz verquirlen und beifügen. Alles während etwa 8 Minuten zu einem glatten, weichen Teig kneten.

2 Den Teig auf der bemehlten Arbeitsfläche zu einem Rechteck von etwa 1 cm Dicke auswallen. Die in Stücke geschnittene Butter auf der einen Teighälfte verteilen. Die andere Hälfte darüber schlagen und die Ränder gut andrücken, damit die Butter beim Auswallen nicht austritt. Den Teig wieder zu einem Rechteck von etwa 1 cm Dicke auswallen, diesmal in 3 Lagen zusammenlegen. Im Kühlschrank 20 Minuten ruhen lassen, dann das Auswallen und Zusammenfalten noch dreimal wiederholen; zwischendurch den Teig immer wieder kühl stellen.

3 Inzwischen die Füllung zubereiten: Die Vanilleschote der Länge nach aufschlitzen, mit den herausgekratzten Samen, dem Zucker und der Milch in eine Pfanne (Topf) geben. Unter Rühren aufkochen, dann neben der Herdplatte 10–15 Minuten ziehen lassen.

4 Die Eigelbe mit 3–4 Esslöffeln Milch verrühren. Die Speisestärke dazusieben und glatt rühren.

5 Die Milch nochmals aufkochen und die Vanilleschote entfernen. Die kochend heisse Milch unter Rühren zur Eigelbcreme giessen. In den Topf zurückgeben und unter Rühren so lange kochen lassen, bis die Creme dick geworden ist. In eine Schüssel umgiessen und die Oberfläche der Creme mit Klarsichtfolie abdecken, damit sich beim Erkalten keine Haut bildet. Kühl stellen.

6 Den Backofen auf 200 Grad vorheizen.

7 Den Teig etwa 4 mm dick auswallen. Drei Viertel der Teigfläche in Quadrate von etwa 10 x 10 cm, den Rest in dünne Streifen schneiden. Die Ränder der Quadrate mit Wasser bestreichen. Die Teigstreifen in der Kantenlänge der Quadrate zuschneiden und zu einer länglichen Locke drehen. Die Ränder damit belegen und gut andrücken.

8 Auf jedes Plunderstück 1 Esslöffel Creme geben und eine gut abgetropfte Aprikosenhälfte darauf setzen. Eigelb und Milch verrühren und die Teigränder damit bestreichen. Nach Belieben mit Hagelzucker bestreuen.

9 Das Plundergebäck im 200 Grad heissen Ofen auf der zweituntersten Rille 15–20 Minuten backen.

10 Inzwischen die Aprikosenkonfitüre durch ein Sieb streichen. Das Gebäck noch heiss damit bestreichen.

Vanille-Mohn-Gugelhopf

Die winzig kleinen, blaugrauen Mohnsamen schmecken nussartig und sind ein beliebtes Backgewürz. Man lässt die Mohnfüllung zuerst kurz quellen, damit sie ihr Aroma entfalten kann.

Ergibt 12–14 Stück

Mohnfüllung:
100 g Mohnsamen
1 gehäufter Esslöffel Zucker
100 ml Milch
1/2 Päckchen Vanillepuddingpulver zum Kochen (40 g)

Teig:
250 g weiche Butter
1 Päckchen Bourbon-Vanillezucker
125 g Zucker
3 Eier
1 Päckchen Vanillepuddingpulver zum Kochen (80 g)
100 ml Milch
100 g Backmarzipan
350 g Mehl
1 Päckchen Backpulver

etwas Puderzucker zum Bestäuben

1 Eine Gugelhopfform grosszügig ausbuttern und mit Mehl bestäuben. Kühl stellen. Den Backofen auf 180 Grad vorheizen.
2 Die Mohnsamen mit dem Zucker im Cutter mahlen.
3 Die Milch mit dem Puddingpulver verrühren. Den Mohn beifügen und aufkochen. Beiseite stellen.
4 Für den Teig die Butter mit dem Vanillezucker und dem Zucker zu einer fast weissen, luftigen Masse aufschlagen. Dann ein Ei nach dem andern darunter rühren. Das Puddingpulver mit der Milch glatt rühren und beifügen. Das Backmarzipan an der Röstiraffel dazureiben und kräftig darunter rühren; es dauert eine gewisse Zeit, bis sich alles gut vermischt hat. Zuletzt Mehl und Backpulver zum Teig sieben und darunter ziehen.
5 Die Hälfte des Teigs in die Form füllen. Die Mohnmasse kräftig durchrühren, darauf verteilen und mit dem restlichen Teig bedecken. Eine Gabel spiralförmig durch den Teig ziehen.
6 Den Gugelhopf im 180 Grad heissen Ofen auf der zweituntersten Rille 55–60 Minuten backen. 10 Minuten in der Form abkühlen lassen, dann auf ein Kuchengitter stürzen und auskühlen lassen. Vor dem Servieren mit Puderzucker bestäuben.

Zarter Johannisbeerkuchen mit Vanille

Ein richtiger Sommerkuchen, wie ihn alle mögen: unkompliziert in der Zubereitung, herrlich feucht, fruchtig und leicht!

Ergibt etwa 12 Stück

1 Vanilleschote
1/2 l Milch
100 g Griess
750 g Johannisbeeren
60 g weiche Butter
120 g Zucker
1 Päckchen Bourbon-Vanillezucker
3 Eigelb
75 g geschälte gemahlene Mandeln
3 Eiweiss
Puderzucker zum Bestäuben

1 Die Vanilleschote der Länge nach aufschlitzen, mit den herausgekratzten Samen und der Milch in eine Pfanne (Topf) geben. Aufkochen, dann unter Rühren den Griess einrieseln lassen. Zugedeckt auf der ausgeschalteten Herdplatte ausquellen lassen.
2 Inzwischen die Johannisbeeren unter kaltem Wasser spülen, gut abtropfen lassen und von den Rispen streifen.
3 Eine Springform von 26 cm Durchmesser grosszügig ausbuttern und mit etwas Griess ausstreuen. Den Backofen auf 180 Grad vorheizen.
4 Die weiche Butter mit der Hälfte des Zuckers und dem Vanillezucker so lange aufschlagen, bis die Masse sehr hell, fast weiss geworden ist. Nach und nach die Eigelbe und die Mandeln darunter rühren.
5 Die Eiweisse halb steif schlagen. Dann löffelweise den restlichen Zucker einrieseln lassen und so lange weiterschlagen, bis eine glänzende, schneeweisse Masse entstanden ist.
6 Den noch warmen Griessbrei unter die Butter-Mandel-Creme rühren. Dann den Eischnee und die Johannisbeeren locker darunter ziehen. In die vorbereitete Form füllen.
7 Den Kuchen im 180 Grad heissen Ofen auf der zweituntersten Rille etwa 50 Minuten backen. In der Form abkühlen lassen. Vor dem Servieren nach Belieben mit kalt abgespülten und anschliessend in Zucker gewälzten Johannisbeerrispen garnieren und mit Puderzucker bestäuben.

Vanille-Mohn-Gugelhopf (oben)
Zarter Johannisbeerkuchen mit Vanille (unten)

Clafoutis mit Kirschen

Diese beliebte Spezialität aus der französischen Küche ist etwas zwischen Auflauf und Kuchen. Der Teig ist ein einfaches Biskuit, das mit den verschiedensten Früchten belegt werden kann. Am häufigsten wird Clafoutis mit Kirschen zubereitet, aber er schmeckt auch mit Aprikosen, Mirabellen, Zwetschgen und im Winter sogar mit Äpfeln ausgezeichnet. Man geniesst ihn heiss oder lauwarm, und wer ihn noch üppiger wünscht, serviert eine Vanillesauce dazu.

Für 6 Personen als Dessert

1 Vanilleschote
400 ml Milch
500 g Kirschen
100 g Mehl
4 Eier
175 g Zucker
1 Päckchen Bourbon-Vanillezucker
1 Prise Salz

1 Die Vanilleschote der Länge nach aufschlitzen, mit den herausgekratzten Samen und der Milch in einen Topf geben und aufkochen. Vom Feuer nehmen und abkühlen lassen.
2 Inzwischen die Kirschen waschen und entstielen; traditionell werden sie für dieses Gericht nicht entsteint. Wer dies dennoch tun möchte, lässt die Kirschen danach gut abtropfen, da sie sonst beim Backen zu viel Saft abgeben.
3 Den Backofen auf 200 Grad vorheizen.
4 Das Mehl in eine Schüssel sieben. Nacheinander die Eier, den Zucker, den Vanillezucker und das Salz darunter rühren. Dann die abgekühlte Vanillemilch durch ein Sieb unter ständigem Rühren langsam dazugiessen; es soll ein geschmeidiger, glatter Teig entstehen.
5 Eine weite, pieähnliche Form grosszügig ausbuttern. Den Teig hineingiessen. Die Kirschen darauf verteilen.
6 Den Clafoutis im 200 Grad heissen Ofen auf der zweituntersten Rille 30–35 Minuten backen. Noch warm servieren.

Vanillestrudel

Hauchdünn muss er sein, der perfekte Strudelteig. Dies ist aber auch das Einzige, was bei der Kunst des Strudelbackens ein bisschen Zeit und Übung braucht. Noch einfacher wird es, wenn man tiefgekühlten, bereits ausgezogenen Strudelteig verwendet, wie er inzwischen vielerorts erhältlich ist. Weil der Vanillestrudel eine besonders saftige Füllung aus Ricotta, Mascarpone, Mandeln und Ei erhält, haben wir ihn in Form kleiner Portionenstrudel gebacken. Serviert werden diese noch lauwarm mit einer Fruchtsauce nach Belieben.

Für 6 Portionenstrudel

Teig:
150 g Mehl
1/2 Teelöffel Salz
75 ml lauwarmes Wasser
1 Esslöffel Öl

Füllung:
2 Vanilleschoten
2 Eigelb
40 g Zucker
2 Esslöffel heisses Wasser
400 g Ricotta
100 g Mascarpone
30 g geschälte Mandelkerne
75 g Butter
Puderzucker zum Bestäuben

Himbeersauce:
250 g Himbeeren
Saft von 1/2 Zitrone
50 g Zucker

1 Das Mehl in eine Schüssel geben und mit dem Salz mischen. In die Mitte eine Vertiefung drücken. Das Wasser und das Öl hineingeben und alles zu einem geschmeidigen Teig kneten. Bei Zimmertemperatur in der Teigschüssel mit einem mit warmem Wasser angefeuchteten Tuch bedeckt etwa 30 Minuten ruhen lassen.
2 Die Vanilleschoten der Länge nach halbieren, die Samen herauskratzen und diese mit den Eigelben, dem Zucker und dem Wasser in eine Schüssel geben. Mit dem Handrührgerät oder der Küchenmaschine auf höchster Stufe 6–8 Minuten

zu einer hellen, dicken Creme aufschlagen. Dann nach und nach sorgfältig den Ricotta und den Mascarpone darunter rühren.

3 Die Mandelkerne nicht zu fein hacken.

4 Den Strudelteig auf der leicht bemehlten Arbeitsfläche dünn auswallen. Dann ein Küchentuch darunter legen und den Teig über den Handrücken noch dünner zu einem sehr grossen Rechteck ausziehen. Die dickeren Randpartien wegschneiden, damit eine gleichmässig rechteckige Form entsteht. Nun den Strudelteig in 6 Rechtecke schneiden.

5 Den Backofen auf 200 Grad vorheizen.

6 Die Butter schmelzen. Die Teigrechtecke damit bestreichen. Jeweils etwas Füllung in die Mitte der Teigblätter geben. Mit den Mandeln bestreuen. Die Teigränder über die Füllung legen und leicht andrücken. Die Strudel auf ein mit Backpapier belegtes Blech setzen. Mit Butter bestreichen.

7 Die Strudel im 200 Grad heissen Ofen auf der zweituntersten Rille 25–30 Minuten hellbraun backen; dabei noch zweimal mit Butter bestreichen.

8 Für die Sauce die Himbeeren mit dem Zitronensaft und dem Zucker fein pürieren. Durch ein feines Sieb streichen, um die Kerne zu entfernen.

9 Zum Servieren die Strudel noch lauwarm mit etwas Puderzucker bestäuben, auf Tellern anrichten und mit Himbeersauce umgiessen.

Tipp: Wenn man einen grossen Strudel backen will, braucht man die gleiche Teigmenge, jedoch das Doppelte an Füllung. Die lange Strudelrolle mit Hilfe des Küchentuchs auf das Blech gleiten lassen und dort sorgfältig zu einem U formen.

Vanillestrudel (oben)
Clafoutis mit Kirschen (unten)

Apfelstrudeltorte

Diesem ungewöhnlichen Kuchen aus hauchdünnen Teigblättern mit einer zart-cremigen Apfel-Quark-Füllung kann niemand widerstehen! Man kann dafür Strudelteig (siehe Seite 106, Rezept «Vanillestrudel») oder – noch besser – Phyllo- oder Filoteigblätter verwenden, die orientalische Variante des Strudelteigs, dessen Blätter buchstäblich hauchdünn sind. Phyllo- oder Filoteig wird bei uns mancherorts tiefgekühlt angeboten. Darauf achten, dass der gefrorene Teig vor Verwendung bei Zimmertemperatur langsam und vollständig auftaut, weil er sonst brüchig wird. Die Packung unbedingt verschlossen lassen oder den Teig unter einem feuchten Tuch auftauen lassen, damit die Oberfläche nicht austrocknet.

Ergibt 10–12 Stück

1 Paket Phyllo- oder Filoteig (in grossen Lebensmittelgeschäften oder in Geschäften mit orientalischen Spezialitäten erhältlich) oder 1 Portion Grundrezept Strudelteig (siehe Seite 106), ausgewallt und in 5 grosse Blätter geschnitten
2 Esslöffel Butter

Füllung:
1 Vanilleschote
400 g Rahmquark
1 Becher Crème fraîche (180 g)
3 Eigelb
2 gehäufte Esslöffel Vanillecremepulver zum Kochen
125 g Zucker
75 g Rosinen
1 Prise Salz
3 grosse säuerliche Äpfel (ca. 400 g)
2 Eiweiss
1 Esslöffel Puderzucker

1 Den Boden einer Springform von 26 cm Durchmesser mit Backpapier belegen und die ganze Form ausbuttern. Den Backofen auf 170 Grad vorheizen.
2 Die Butter schmelzen. Die Form mit 1 Phylloteigblatt auslegen und den überstehenden Teig über den Rand hängen lassen. Das Teigblatt mit Butter bestreichen. Das zweite Blatt übers Kreuz darauf legen und ebenfalls mit Butter bestreichen. So weiterfahren, bis die Form mit 5 Blättern ausgelegt ist. Restliche Teigblätter können wieder tiefgekühlt werden.
3 Für die Füllung die Vanilleschote der Länge nach halbieren, mit einem spitzen Messer die Samen herauskratzen und in eine Schüssel geben. Quark, Crème fraîche, Eigelbe, Vanillecremepulver, Zucker, Rosinen sowie Salz beifügen und cremig verrühren.
4 Die Äpfel schälen. An der Röstiraffel direkt zur Quarkcreme reiben und sofort darunter mischen, damit sie nicht braun werden.
5 Die Eiweisse steif schlagen. Den Eischnee sorgfältig unter die Quarkmasse heben. Die Masse in die vorbereitete Form füllen und den überstehenden Teig lose auf die Füllung legen; die Teigenden dürfen sich dabei leicht wellen. Den Teigrand mit Butter bestreichen.
6 Den Kuchen im 170 Grad heissen Ofen auf der untersten Rille etwa 50 Minuten backen; dabei den Teigrand noch zwei- bis dreimal mit Butter bestreichen. Bräunt der Teig zu schnell, den Kuchen mit Alufolie abdecken. Zum Auskühlen sorgfältig aus der Form nehmen. Die Torte grosszügig mit Puderzucker bestreuen. Am Tag der Zubereitung geniessen.

Tipp: Als Garnitur dünn geschnittene Apfelscheiben mit Zuckerwasser bestreichen, auf ein kleines, mit Backpapier belegtes Blech geben und während den letzten 15 Minuten mitbacken.

Sandkuchen

Der klassische Cake schlechthin: Ein luftiger Vanillerührteig, der durch seine Aprikosen-Puderzucker-Glasur während einigen Tagen seine Feuchtigkeit behält. Nach Belieben kann man ihn mit etwas klein gewürfelten Früchten oder Beeren bereichern, dann wird er besonders saftig.

Ergibt etwa 16 Stück

1 Vanilleschote
200 g weiche Butter
200 g Zucker
2 Päckchen Bourbon-Vanillezucker
abgeriebene Schale von 1/2 Zitrone
4 Eier
175 g Mehl
50 g Weizenpuder (Epifin)
1 Teelöfffel Backpulver
50 g Aprikosenkonfitüre
100 g Puderzucker
1 Esslöffel Zitronensaft

1 Eine mittelgrosse Cakeform ausbuttern und mit Mehl ausstäuben. Kühl stellen. Den Backofen auf 180 Grad vorheizen.
2 Die Vanilleschote der Länge nach aufschlitzen und die Samen herauskratzen. Mit der weichen Butter, dem Zucker, dem Vanillezucker und der Zitronenschale so lange schlagen, bis die Masse fast weiss und sehr luftig ist.
3 Die Eier gut verquirlen. In einem zweiten Gefäss Mehl, Weizenpuder und Backpulver mischen. Die Eier und die Mehlmischung abwechselnd zur Buttercreme geben und glatt rühren; den Teig auf keinen Fall schlagen, sonst verliert er seine Lockerheit! In die vorbereitete Form füllen. Mit einem gebutterten Messer der Länge nach mehrmals einschneiden; auf diese Weise entsteht an der Schnittfläche eine kleine Butterschicht, und der Kuchen reisst dadurch beim Backen gleichmässig auf.
4 Den Sandkuchen im 180 Grad heissen Ofen auf der zweituntersten Rille etwa 40 Minuten backen. In der Fom 10 Minuten abkühlen lassen.
5 Inzwischen die Aprikosenkonfitüre durch ein Sieb streichen. Den Puderzucker mit dem Zitronensaft verrühren.
6 Den Kuchen sorgfältig aus der Form lösen, auf ein Kuchengitter stellen. Zuerst mit der Aprikosenkonfitüre, dann mit der Puderzuckerglasur bestreichen. Vollständig auskühlen lassen.

Crème-brûlée-Tarte

Auf dem Boden dieses Mürbeteigkuchens liegen saftige Früchte – es können Pfirsichschnitze oder Ananaswürfelchen, aber auch Himbeeren oder Erdbeeren sein –, darüber kommt eine Vanilleflan-ähnliche Füllung, die mit Zucker bestreut und kurz unter dem Grill karamellisiert wird. Das Vorbild, der berühmte Crème-brûlée-Pudding (siehe Seite 64), lässt grüssen! Bild Seite 113.

Ergibt 8 Stück

Teig:
200 g Mehl
1 Prise Salz
30 g Puderzucker
1 Päckchen Bourbon-Vanillezucker
100 g kalte Butter
2 Eigelb
1 Esslöffel Wasser
1 Ei

Füllung:
ca. 400 g Früchte, z.B. Erdbeeren, Himbeeren, Pfirsiche, Nektarinen
1–2 Esslöffel Zucker
400 ml Doppelrahm
1 Vanilleschote
4 Eigelb
50 g Zucker

50 g fein gemahlener Rohzucker

1 Für den Teig Mehl, Salz, Puderzucker und Vanillezucker in einer Schüssel mischen. Die Butter in Flocken dazuschneiden. Dann alles zwischen den Fingern bröselig reiben. Eigelb und Wasser verrühren und beifügen. Die Zutaten rasch zu einem glatten Teig zusammenkneten. In Klarsichtfolie wickeln und mindestens 30 Minuten kühl stellen.
2 Eine Springform von 24 cm Durchmesser leicht ausbuttern und mit Mehl ausstäuben.
3 Den Teig zwischen Klarsichtfolie deutlich grösser als den Durchmesser der Form auswallen und diese damit auslegen, dabei einen Rand von etwa 3 cm hochziehen. Den Teigboden mit einer Gabel einstechen. Nochmals 30 Minuten kalt stellen.
4 Den Backofen auf 200 Grad vorheizen.

5 Den Teigboden mit Backpapier abdecken und mit getrockneten Bohnen oder einem zweiten, etwas kleineren Blech beschweren. Im 200 Grad heissen Ofen auf der zweituntersten Rille 10 Minuten blind backen. Dann die Backbohnen oder das zum Beschweren verwendete Blech entfernen und den Teigboden weitere 15 Minuten backen.

6 Das Ei verquirlen. Den Kuchenboden aus dem Ofen nehmen und Boden sowie Rand mit Ei bestreichen. Wieder in den Ofen geben und weitere 2 Minuten backen. Dann nochmals mit Ei bestreichen und wieder 2 Minuten backen. Auskühlen lassen.

7 Für die Füllung die Früchte rüsten und in Scheibchen schneiden. Mit dem Zucker bestreuen.

8 Den Doppelrahm in eine Pfanne (Topf) geben. Die Vanilleschote der Länge aufschlitzen und mit den herausgekratzten Samen beifügen. Auf etwa 60 Grad erwärmen, dann neben der Herdplatte 10–15 Minuten ziehen lassen.

9 Inzwischen die Eigelbe und den Zucker zu einer hellen, dicklichen Creme aufschlagen.

10 Den Doppelrahm nochmals erhitzen, aber nicht kochen lassen. Die Vanilleschote entfernen und den Rahm zur Eicreme giessen. Diese über einem heissen Wasserbad zu einer dicken Creme aufschlagen. Dann unter Weiterschlagen etwas abkühlen lassen.

11 Die Früchte gut abtropfen lassen und auf dem Kuchenboden auslegen. Die Creme darüber verteilen. Im Kühlschrank während mindestens 4 Stunden schnittfest werden lassen.

12 Den Backofengrill auf 250 Grad vorheizen.

13 Den Rand der Tarte mit einem Alufolienstreifen abdecken. Die Tarte mit dem Zucker bestreuen. Im oberen Drittel des Ofens etwa 4 Minuten backen, bis die Oberfläche zu karamellisieren beginnt. Herausnehmen und vor dem Servieren nochmals mindestens 1 Stunde kalt stellen. So bald wie möglich geniessen.

Vanille-Quark-Kuchen mit Himbeeren

Ein Quarkkuchen, wie man ihn gerne mag: cremig und fruchtig zugleich. Die zarte Vanille-Quark-Füllung kontrastiert angenehm mit den säuerlichen Himbeeren. Anstelle von Himbeeren kann man den Kuchen auch mit Johannisbeeren oder Aprikosen zubereiten.

Ergibt 16 Stück

Quarkmürbeteig:
300 g Mehl
100 g kalte Butter
3 Esslöffel Zucker
1 Prise Salz
1 Ei
150 g Rahmquark
abgeriebene Schale von 1/2 Zitrone

Füllung:
75 g geschälte gemahlene Mandeln
500 g Himbeeren
4 Eier
100 g Zucker
1 kg Magerquark
1/8 l Doppelrahm
1 Päckchen Vanillepuddingpulver zum Kochen

100 g Aprikosenkonfitüre
1 Esslöffel Zitronensaft

1 Für den Teig das Mehl in eine Schüssel sieben. Die Butter in Flocken dazuschneiden. Alles zwischen den Fingern bröselig reiben. Den Zucker und das Salz darunter mischen. Das Ei, den Rahmquark und die Zitronenschale verrühren, beifügen und alles rasch zu einem glatten Teig zusammenkneten. In Klarsichtfolie wickeln und mindestens 30 Minuten kühl stellen.

2 Eine Springform von 26–28 cm Durchmesser leicht ausbuttern und mit Mehl ausstäuben. Den Rand abnehmen. Die Hälfte des Teigs auf den Boden der Form geben, ein Stück Klarsichtfolie darauf legen und den Teig in der Grösse des Bodens auswallen. Den Formenrand aufsetzen. Den restlichen Teig 4 cm breit auswallen und als Kuchenrand formen. Den Boden mit einer Gabel einstechen. 30 Minuten kühl stellen.

3 Den Backofen auf 200 Grad vorheizen.

4 Die Mandeln auf dem Teigboden ausstreuen und die Himbeeren darauf verteilen.

5 Eier und Zucker zu einer hellen, dicklichen Creme aufschlagen. Quark, Doppelrahm und Puddingpulver darunter rühren. Sorgfältig über die Himbeeren verteilen.

6 Den Quark-Himbeer-Kuchen im 200 Grad heissen Ofen auf der untersten Rille etwa 45 Minuten backen.

7 Kurz vor Ende der Backzeit die Aprikosenkonfitüre und den Zitronensaft in einem kleinen Pfännchen erhitzen. Durch ein Sieb streichen. Den noch heissen Kuchen mit der Konfitüre bestreichen. Auskühlen lassen, dann kalt stellen.

Crème-brûlée-Tarte (links), Rezept Seite 110
Vanille-Quark-Kuchen mit Himbeeren (rechts)

Die Vanille des kleinen Mannes

Vanille war früher eines der exklusivsten Gewürze, das so teuer war, dass sich das gewöhnliche Volk diese Rarität nicht leisten konnte. Man verwendete daher nur den Namen und würzte mit etwas ganz anderem, mit Knoblauch nämlich, der «Vanille des kleinen Mannes». Ein Beispiel dafür ist der Vanillerostbraten, der, wie jedermann riechen kann, in Tat und Wahrheit ein Knoblauchrostbraten ist.

In gewissem Sinn ähnlich verhält es sich im heutigen Hauptproduktionsland Madagaskar: Qualitativ hochklassige Vanilleschoten erfreuen sich auf dem Weltmarkt so grosser Nachfrage, dass der Preis für ein Kilogramm veredelte Vanilleschoten im Jahr 2000 bis auf 140 US-Dollar kletterte – praktisch unerschwinglich für den madegassischen Normalhaushalt! Es verwundert deshalb nicht, dass kaum eine Vanilleschote für den eigenen Bedarf im Land selbst bleibt. In der original madegassischen Küche wird Vanille als Zutat selten bis nie verwendet. Dies kommt allerdings zum Teil auch daher, dass die Vanilleorchidee kein einheimisches Gewächs ist und erst zu Beginn des 20. Jahrhunderts quasi als Zuchtpflanze ins Land kam.

Vanillelikör, Rezept Seite 116

Und noch mehr Vanille: Getränke und allerlei auf Vorrat

Vanillelikör

Der intensiv duftende Likör wird auf der Basis von Cognac zubereitet. Vanillelikör wird vor allem für Mixdrinks (z.B. 1 Teil Likör und 1 Teil Curaçao blue, mit Schaumwein aufgefüllt) oder zum Parfümieren von Früchtedesserts verwendet.
Bild Seite 115.

Ergibt 600–700 ml

3 Vanilleschoten
250 g Zucker
1/4 l Wasser
400 ml Cognac

1 Die Vanilleschoten der Länge nach aufschlitzen, mit den herausgekratzten Samen, dem Zucker und dem Wasser in eine Pfanne (Topf) geben. Auf kleinem Feuer ungedeckt 15 Minuten kochen lassen, dabei nicht umrühren.
2 Die Vanilleschoten entfernen, dabei 1 Schote beiseite legen. Den Sud durch einen Filter giessen. Erkalten lassen.
3 Den Vanillesud mit dem Cognac mischen. In eine saubere Flasche füllen und die beiseite gelegte Vanilleschote dazugeben. Den Likör kühl und dunkel aufbewahren.

Vanilletrüffel

Weisse Schokolade und Vanille harmonieren geschmacklich perfekt miteinander. Hier sind sie in zartschmelzenden Rahmtruffes vereint, die köstliche Begleiter zu einer Tasse Tee oder Kaffee sind.

Ergibt etwa 40 Stück

150 g weisse Schokolade oder Kuvertüre
1 Vanilleschote
75 ml Rahm
1 Esslöffel Cognac
50 g weiche Butter
25 g zimmerwarmes Kokosfett
1 gehäufter Esslöffel Mandelblättchen
ca. 40 Aluminium-Pralinenkapseln

1 Die Schokolade grob hacken.
2 Die Vanilleschote der Länge nach aufschlitzen, mit den herausgekratzten Samen und dem Rahm in einen kleine Pfanne (Topf) geben. Unter Rühren aufkochen. Vom Herd nehmen, die Schokolade beifügen und unter Rühren schmelzen. Dann Cognac, Butter und Kokosfett darunter mischen. Kühl stellen, bis die Masse erstarrt ist.
3 Inzwischen in einer trockenen Pfanne ohne Fettzugabe die Mandelblättchen rösten. Sofort auf einen Teller geben.
4 Die Schokolademasse mit den Schwingbesen des Handrührgeräts sehr gut aufschlagen. In einen Spritzsack mit Sterntülle füllen und die Masse in die Aluminiumkapseln spritzen. Sofort mit Mandelblättchen garnieren. Die Vanilletrüffel kühl aufbewahren.

Sommerbowle

Mit ihrer leichten Vanillenote duftet diese Bowle nach Sommer und Sonne. Neben einheimischen Früchten und Beeren passen auch Exoten gut in das prickelnde Getränk. Eine alkoholfreie Variante kann mit Apfelsaft – anstelle von Martini – sowie alkoholfreiem Schaumwein (Rimuss) zubereitet werden.

Für 6–8 Personen

500 g Früchte (z.B. Erdbeeren, Himbeeren, Pfirsiche, Nektarinen)
50 g Zucker
1 Vanilleschote
300 ml weisser Martini
700 ml gut gekühltes Mineralwasser
700 ml gut gekühlter Schaumwein (Prosecco, Cava, Champagner, Sekt) oder Cidre (Apfelwein)

1 Die Früchte waschen, wenn nötig rüsten und in kleine Stücke oder feine Schnitze schneiden.
2 Die Früchte, den Zucker, die aufgeschlitzte Vanilleschote und die herausgekratzten Samen in eine Schüssel geben und zugedeckt 3–4 Stunden marinieren lassen.
3 Kurz vor dem Servieren mit dem Mineralwasser und dem Schaumwein oder Cidre aufgiessen.

Vanilletrüffel (oben)
Sommerbowle (unten)

Die Legende vom Mädchen Vanila und dem Jüngling Chocolati

Wer sich auf die historischen Spuren der Schokolade – und damit auch der Vanille – begibt, wird früher oder später nicht nur auf den alten, als schokoladesüchtig bekannt gewordenen Aztekenherrscher Montezuma, sondern unweigerlich auch auf eine schöne mexikanische Liebesgeschichte stossen. Sie erzählt auf poetische Art, warum die Schokolade und die Vanille zu einem auch heute noch unzertrennlichen Paar geworden sind.

Einst lebte in Mexiko das Mädchen Vanila. Sie war jung und wunderschön, und sie liebte einen Jüngling namens Chocolati. Zur gleichen Zeit lebte dort aber auch ein böser Zauberer, der erfüllt war von Neid und Missgunst. Er versetzte alle Menschen in Angst und Schrecken, da er weder Glück noch Liebe in seiner Nähe ertragen konnte. Dieser Zauberer ärgerte sich so sehr über die zwischen Vanila und Chocolati entbrannte Liebe, dass er die beiden jungen Leute mit seiner Zauberkraft in Pflanzen verwandelte: Chocolati in einen Baum, Vanila in eine Orchidee. Doch das Liebesband der beiden war so stark, dass nichts sie zu trennen vermochte. Ihre Liebe überdauerte die Verzauberung, indem die Pflanze Vanila den Baum Chocolati als Liane so umschlang, wie das Mädchen den jungen Mann umarmt hatte. Und die Menschen, die die Früchte des Baumes und der Orchidee pflückten und sich daraus einen Trank bereiteten, spürten alle Angst und Bitternis aus ihren Herzen weichen, sie spürten, so berichtet die Legende, nur noch Liebe. Und noch heute bereiten Liebende in Mexiko aus den Früchten von Chocolati und Vanila, nämlich aus Kakao und Vanille, den «Mexikanischen Liebestrank» zu.

Mexikanischer Liebestrank

Für 4 Personen
1 Liter Milch, 2 Vanilleschoten, 4 Esslöffel Kakao, 1/4 Liter Wasser, 2 Esslöffel Honig, 4 Esslöffel Zucker, 1/4 Teelöffel Tabascosauce oder 1 Prise Cayennepfeffer, 1 Prise Salz, 4 Likörgläser weisser Rum.
Die Milch mit den Vanilleschoten aufkochen und 5–10 Minuten leise kochen lassen. Die Schoten herausnehmen, halbieren, das Vanillemark herauskratzen, mit dem Wasser und dem Kakao verrühren und mit dem Honig und dem Zucker unter Rühren wieder in die heisse Milch geben. Mit Tabasco oder Cayennepfeffer würzen und mit Salz abschmecken. Vom Feuer ziehen und die Vanillemilch mit einem Schwingbesen schaumig rühren, damit sich keine Haut bilden kann.
Den Rum auf 4 grosse Gläser verteilen und mit der heissen Vanillemilch auffüllen. Sofort servieren.

Unter der heissen Tropensonne zum Trocknen ausgelegt: Vanilleschoten in Bemanevika nach etwa einer Woche.

Heisse Schokolade

Das Göttergetränk der Azteken schmeckt – natürlich in leicht abgewandelter Form – auch heute noch unvergleichlich gut. In diesem Rezept wird es mit feinster Schokolade und echter Vanille zubereitet, und das Sahnehäubchen ist das Tüpfchen auf dem i.

Für 4 Personen

1 Vanilleschote
1 l Milch
100 g Edelbitterschokolade mit 70–75% Kakaoanteil
30 g Zucker
100 ml Rahm

1 Die Vanilleschote der Länge nach aufschlitzen und mit der Milch in eine Pfanne (Topf) geben. Langsam aufkochen. Beiseite stellen.
2 Die Schokolade zerbröckeln und in die heisse Milch geben. Unter Rühren schmelzen lassen.
3 Den Zucker beifügen und die Schokolademilch nochmals kurz vors Kochen bringen. In vorgewärmte Tassen füllen.
4 Den Rahm steif schlagen und als Haube auf die heisse Schokolade setzen. Sofort servieren.

Erdbeer-Vanille-Gelee

Reichlich Vanilleschoten verleihen diesem köstlichen Gelee aus Erdbeer-, Orangen- und Zitronensaft einen intensiven Duft und ein unnachahmliches Aroma. Auf die gleiche Weise lässt sich auch ein Rhabarber- oder Stachelbeergelee zubereiten.
Bild Seite 122.

1 kg reife, möglichst aromatische Erdbeeren
¼ l Wasser
2 Vanilleschoten
Saft von 1 Orange
Gelierzucker nach Saftmenge
Saft von 1 Zitrone

1 Die Erdbeeren waschen, die Stiele herausdrehen, die Früchte vierteln und in eine Pfanne (Topf) geben. Mit einer Gabel grob zerdrücken. Das Wasser sowie 1 Vanilleschote, der Länge nach halbiert, beifügen. Aufkochen, dann auf lebhaftem Feuer etwa 10 Minuten kochen lassen. Die Vanilleschote herausnehmen und zur Seite legen. Die Masse in ein Geleetuch geben und den Saft langsam ablaufen lassen.
2 Den Erdbeersaft mit dem Orangensaft mischen und abmessen. In einen Topf geben und Gelierzucker im Verhältnis 3 : 4 beifügen (auf ¾ Liter Saft 1 Kilo Zucker). Die bereits verwendete, beiseite gelegte Vanilleschote in 4 Stücke schneiden und beifügen. Die zweite Vanilleschote der Länge nach halbieren, mit den herausgekratzten Samen und dem Zitronensaft ebenfalls dazugeben. Alles unter Rühren aufkochen, dann 4 Minuten sprudelnd kochen lassen. In Gläser füllen, dabei je 1 Stückchen Vanilleschote beifügen und verschliessen.

Rhabarber-Vanille-Konfitüre mit Passionsfrüchten

Rhabarber mit roten Stielen schmeckt milder und fruchtiger als die grünstielige Sorte, die ein herberes Aroma besitzt. Neben Erdbeeren passen die exotischen Passionsfrüchte ausgezeichnet zu Rhabarber. Mit Vanille gewürzt entsteht daraus eine raffinierte Konfitüre.
Bild Seite 122.

750 g Rhabarber (wenn möglich rote Sorte)
6 Passionsfrüchte
2 Vanilleschoten
1 kg Gelierzucker
Saft von 1 Zitrone

1 Den Rhabarber waschen, rüsten und in kleine Stücke schneiden. In eine Pfanne (Topf) geben.
2 Die Passionsfrüchte halbieren, das Fruchtfleisch mit einem Löffel herauslösen und und zum Rhabarber geben.
3 Die Vanilleschoten der Länge nach aufschneiden, jede Hälfte halbieren und beifügen. Den Gelierzucker und den Zitronensaft darunter mischen. Alles unter Rühren langsam aufkochen, dann sprudelnd 4 Minuten kochen lassen. Die Konfitüre sofort in Gläser füllen, je 1 Stückchen Vanilleschote beifügen und verschliessen.

Kreolische Konfitüre

Süsse Bananen und herb-säuerliche Grapefruits ergänzen sich geschmacklich hervorragend. Sie werden mit braunem Zucker, Limonensaft und Vanilleschoten mariniert, zu Konfitüre gekocht und am Schluss mit Rum parfümiert.

750 g Bananen
Saft von 2 Limonen
1 kg Grapefruits
brauner Rohrzucker nach Gewicht der Fruchtmasse
2 Vanilleschote
2–3 Esslöffel Rum

1 Die Bananen schälen. Die Hälfte der Früchte in dünne Rädchen schneiden und in eine Schüssel geben. Die restlichen Bananen mit einer Gabel zerdrücken und mit dem Limonensaft beifügen.

2 Die Grapefruits quer halbieren. Mit einem Grapefruitmesser das Fruchtfleisch aus den Trennhäuten schneiden und klein würfeln. Den in den Schalen verbliebenen Saft auspressen. Alles mit den Bananen mischen und die Masse wiegen. Auf 1 Kilo Fruchtmasse 800 g Zucker abmessen und darunter mischen. Die Vanilleschoten der Länge nach aufschneiden, die Hälften halbieren und beifügen. Die Masse mindestens 30 Minuten durchziehen lassen, dabei gelegentlich umrühren.

3 Die Fruchtmasse in eine Pfanne (Topf) geben. Unter Rühren aufkochen, dann etwa 30 Minuten lebhaft kochen lassen. Gelegentlich umrühren und den entstandenen Schaum abschöpfen.

4 Am Ende der Kochzeit den Rum darunter rühren. Die Konfitüre kochend heiss in Gläser füllen, je 1 Stück Vanilleschote beifügen und verschliessen.

Oben: Kreolische Konfitüre (links), Rabarber-Vanille-Konfitüre mit Passionsfrüchten (hinten) und Erdbeer-Vanille-Gelee (rechts), Rezepte Seite 120
Sauerkirschen-Vanille-Chutney (unten)

Sauerkirschen-Vanille-Chutney

Diese süss-saure Spezialität passt ausgezeichnet zu Wild, Ente, Siedfleisch oder Tafelspitz, Schweinefleisch und Lamm. Wer die kurz Sauerkirschensaison verpasst hat – frisch sind sie nur im Juni erhältlich –, kann auch Sauerkirschen aus dem Glas verwenden. In diesem Fall das Chutney nur etwa 20 Minuten kochen lassen.

500 g Sauerkirschen (Weichseln)
2 kleine säuerliche Äpfel
1 Zwiebel
1 Vanilleschote
50 g Rosinen
1 Teelöffel Salz
1 Esslöffel gelbe Senfkörner
1 Prise Cayennepfeffer
2 Gewürznelken
1/4 l Rotweinessig
200 g brauner Kandiszucker

1 Die Kirschen entsteinen. Die Äpfel schälen, vierteln, das Kerngehäuse entfernen und die Früchte in feine Scheibchen schneiden. Die Zwiebel schälen und fein hacken. Alles in einen Topf geben.
2 Die Vanilleschote der Länge nach aufschlitzen und mit den herausgekratzten Samen beifügen. Rosinen, Salz, Senfkörner, Cayennepfeffer, Gewürznelken, Essig und Kandiszucker ebenfalls dazugeben. Alles unter Rühren aufkochen. Dann das Chutney 30–40 Minuten konfitüreartig einkochen lassen, dabei häufig umrühren.
3 Das Chutney kochend heiss in Gläser mit Schraubdeckel füllen und sofort verschliessen.

Im «triangle de l'or vert» zwischen Sambava, Antalaha, Vohémar und Andapa im madegassischen Norden ist die Vanille allgegenwärtig.

Kürbis-Vanille-Kompott

Dieses eher ungewöhnliche Kompott ist vielfältig verwendbar: Es ist eine originelle Beilage zu Geflügel- und Wildgerichten, passt aber auch hervorragend zu Vanilleeis. Vor dem Servieren mindestens 1 Woche durchziehen lassen, damit es sein volles Aroma entfalten kann.

500 g Kürbisfleisch, gerüstet gewogen
100 ml Weisswein
100 ml Wasser
250 g brauner Rohrzucker
2 Vanilleschoten
1 kleines Stück geschälte Ingwerwurzel
2 Nelken

1 Das Kürbisfleisch in kleine Würfel schneiden und in eine Schüssel geben.
2 Den Wein, das Wasser und den Zucker in eine Pfanne (Topf) geben, aufkochen und 5 Minuten kochen lassen.
3 Die Vanilleschoten der Länge nach aufschlitzen, mit den herausgekratzten Samen, dem Ingwer und den Nelken in den kochenden Sirup geben. Diesen heiss über die Kürbiswürfel giessen. An einem kühlen Ort zugedeckt über Nacht stehen lassen.
4 Am nächsten Tag den Kürbis mitsamt Sud in eine Pfanne (Topf) geben, aufkochen und auf kleinem Feuer je nach Grösse der Würfel 3–5 Minuten knapp weich kochen. Den Kürbis mit einer Schaumkelle herausheben, gut abtropfen lassen und in Gläser mit Schraubdeckel füllen.
5 Den Sud sirupartig einkochen lassen. Kochend heiss über die Kürbiswürfel giessen und die Gläser sofort verschliessen. Gut verschlossen und kühl aufbewahrt ist das Kürbiskompott 2–3 Monate haltbar.

Vanilleoliven

Ein Erlebnis für den Gaumen sind diese in Vanillesirup eingelegten Oliven, die ausgezeichnet zu Frischkäse passen. Aber auch zu Erdbeeren, mit einigen Tropfen kostbarem altem Balsamico beträufelt und nach Belieben mit Vanilleeis serviert, sind sie eine Entdeckung wert. Am besten geeignet zum Einlegen sind die kleinen, violetten Oliven aus Ligurien oder aus der Provence.

250 g kleine, violette Oliven
650 g Zucker
400 ml Wasser
1 Vanilleschote

1 Die Oliven in ein Sieb geben und gründlich warm spülen. In eine Schüssel geben.
2 300 g Zucker sowie die Hälfte des Wassers in eine Pfanne (Topf) geben. Die Vanilleschote der Länge nach aufschlitzen und beifügen. Alles aufkochen und 2–3 Minuten kochen lassen. Über die Oliven giessen und diese 1 Tag ziehen lassen.
3 Am nächsten Tag die Oliven in ein Sieb abschütten und den Sirup weggiessen. Die Oliven in die ausgespülte Schüssel zurückgeben.
4 Wiederum 300 g Zucker sowie das restliche Wasser (200 ml) aufkochen und kochend heiss über die Oliven giessen. 2 weitere Tage durchziehen lassen.
5 Die Oliven wieder in ein Sieb abgiessen, diesmal jedoch den Sirup auffangen und in eine Pfanne (Topf) geben. Den restlichen Zucker (50 g) beifügen und nochmals aufkochen.
6 Die Oliven in ein sauberes Glas mit Schraubdeckel füllen und mit dem kochend heissen Sirup übergiessen. Sofort verschliessen. Einmal geöffnet die Oliven unbedingt im Kühlschrank aufbewahren.

Kürbis-Vanille-Kompott (oben)
Vanilleoliven (unten)

Beschwipste Vanilleaprikosen und -pfirsiche

Leicht trunken sind diese Sommerfrüchte, weil man sie nach dem Pochieren in Zuckersirup in hochprozentigem Rum einlegt. Besonders gut schmecken sie in Begleitung von Vanilleeis, Aprikosen- oder Pfirsichsorbet, Vanillecreme oder steif geschlagenem Vanillerahm.

750 g eher kleine Pfirsiche
500 g Aprikosen
1/8 l Wasser
Saft von 1 Zitrone
500 g Zucker
1 Vanilleschote
ca. 1/2 l möglichst hochprozentiger Rum (54 Vol.-%, so genannter Rumtopf-Rum)

1 Die Pfirsiche kurz in kochendes Wasser tauchen, kalt abschrecken und die Haut abziehen. Die Früchte halbieren, entkernen und in etwa 1 1/2 cm dicke Schnitze schneiden.
2 Die Aprikosen waschen, halbieren und entkernen.
3 Wasser, Zitronensaft und Zucker in eine weite Pfanne (Topf) geben. Die Vanilleschote der Länge nach aufschlitzen und mit den herausgekratzten Samen beifügen. Aufkochen und zugedeckt auf kleinem Feuer 5 Minuten leise kochen lassen.
4 Die Früchte portionenweise in den Zuckersirup legen und je nach Reifegrad 2–4 Minuten zugedeckt leise kochen lassen, bis sie glasig sind. Dann die Vanilleschote entfernen.
5 Die Früchte mit dem Zuckersirup in saubere Gläser schichten. Alles mit dem Rum übergiessen; die Früchte sollen gut bedeckt sein. Die Gläser verschliessen, kühl und dunkel aufbewahren. Vor dem ersten Genuss mindestens 1 Woche ziehen lassen. Haltbarkeit: etwa 3 Monate.

Beschwipste Vanilleaprikosen und -pfirsiche

Buchtipps

Bouvier, Nicolas: *Une Orchidée, qu'on appela Vanille,* Editions Metropolis, Genf 1998

Stadelmann, Claude: *Secrets de Vanille,* Editions L.E.P., Lausanne

Dank

Unser Dank für die Unterstützung bei den Recherchen geht an: Botanische Gärten der Universitäten Bern und Basel; Alexander Kocyan, Institut für systematische Botanik der Universität Zürich (Lektorat Botanik-Kapitel); Hans Blättler, Schweizerische Orchideengesellschaft; Claude Stadelmann, Signe Productions, Genf (Bilder auf den Seiten 6 links, 14, 20, 21, 22, 23, 43 oben, 52 unten, 53 oben); Gerold Hägler, Bern (Briefmarken).

Rezeptverzeichnis

Coca-Cola